U0928276

点亮艺术之眼

——伟大的博物馆

伟大的
博物馆

Museo Puškin Mosca

莫斯科
普希金博物馆

〔意大利〕西莫内塔·佩卢西 编著
白 旸 译

译林出版社

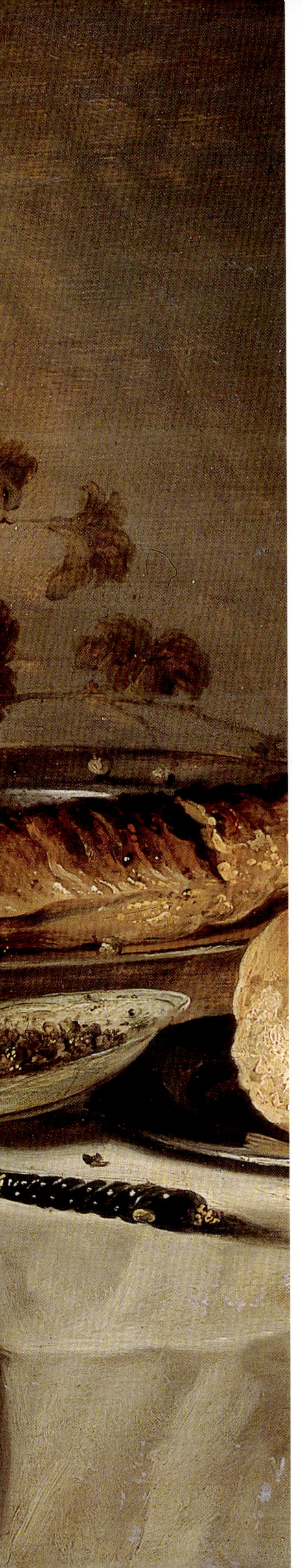

目 录

前　言

1898年8月17日，在莫斯科沃尔霍卡地区，克里斯托·萨尔瓦托教堂附近的卡洛佐宫廷内热闹非凡。莫斯科大学的教授和学生、艺术家、马林斯基学院的年轻学员们、军官、下议院杜马成员、贵族、大资本家们，站在两个相对而建的露台上聊着天，在轻松愉快的氛围中等待王室家族的到来。8月中旬的这一天，是什么让莫斯科众多的知识分子、社会精英齐聚在这里？原来，他们在等待沙皇亚历山大三世·亚历山德罗维奇·罗曼诺夫主持新博物馆的成立仪式。该博物馆以沙皇的名字命名，称作“亚历山大三世艺术博物馆”。

建造一座艺术博物馆——更贴切地说是古典艺术博物馆——的想法已经在这座古老的首都酝酿几十年了。19世纪初，莫斯科大学的两位教授S.塞维勒夫和M.P.波戈金提出建造一所大学附属美学博物馆的计划，认为：“艺术包含在公共教育范畴内，可以培养人们的美学意识。”该计划得到了艺术资助人及莫斯科沙龙女王季娜伊达·沃尔科斯卡娅公主的赞成和支持——这位公主在普希金的诗中被描绘成其最忠诚的爱慕者之一。这一计划并未成型，但推动了两项重要的艺术创举：一个是建立了莫斯科绘画雕塑学校（1843年），另一个是在莫斯科大学创办了艺术史讲堂（1853年）。也正是这两个重要事件，让人们认识到在莫斯科建造一所艺术博物馆的必要性。这一时期还建成了鲁缅采夫博物馆，但其中的收藏零散，不够完整。莫斯科值得拥有更好的博物馆。

这也得到了莫斯科大学古典语言学家及艺术史学家伊万·茨维塔耶夫教授的坚决拥护，他决定亲自接手。为实施该项目，当地举办了资金的公共捐赠。皇室之家的捐赠者、拥有一所钻石工厂的企业家尤里·斯特潘诺维奇·耐卡耶夫-马尔采夫慷慨解囊，他不仅为新博物馆捐赠了200万卢布，还调动在政府和宫廷内的关系积极推动茨维塔耶夫的计划。资金大量汇集，使得项目招标顺利进行。罗曼·克莱因竞争成功，他是当时莫斯科最杰出的建筑师，其设计特色源自于在意大利和希腊学习的古典风格，同时也融入了法国和德国现代博物馆的特征。

茨维塔耶夫认为该博物馆首先应该是学校的教学中心，因此他希望制造一系列古典名作的精美石膏模制品。模制品由专家委员会指定，并于 1890 年开始向国外公司订购。这些如今仍然是莫斯科博物馆中最令人震惊的壮观的石膏模制品，在 1912 年 5 月 31 日亚历山大三世艺术博物馆首次开放时，伴随着为此专门准备的音乐大师米哈伊尔 · 米哈伊洛维奇 · 伊波里托夫 - 伊凡诺夫的演出，让大部分参观者目瞪口呆。

所有人都清楚地认识到：尽管这些石膏模制品的教学重要性毋庸置疑，但是只有在凝视原作时，人们才能感受到艺术的真正天性。基于这一认识，建造者们也在有意识地增加原作的收藏。最早是在 1909 年，东方学家 V.S. 戈列尼谢夫因为经济困难，把自己的埃及系列藏品转卖给了博物馆。大约同一年，俄国驻意大利特里埃斯特领事米哈伊尔 · S. 谢金向博物馆捐赠了其第一批核心展品——意大利 12—14 世纪画作。

十月革命爆发，关闭边界，私人财产国有化——莫斯科博物馆发生了历史上最特别的巨变，没收了大量沙皇俄国大家族私藏的艺术珍品。1937 年亚历山大三世艺术博物馆改名为“莫斯科普希金博物馆”，为了纪念 100 年前在一场决斗中丧生的诗人普希金。

马可 · 卡尔米纳蒂

莫斯科普希金博物馆

> 我们大喊、尖叫，表达对塞尚、高更、梵高的热情，是他们打开了我们的双眼，不是因为我们应该效仿他们，而是因为自由。
>
> （大卫·布尔柳克《喧闹的“班诺瓦”艺术和俄罗斯国家新艺术》，1913 年）

克日什托夫·波米安致力于研究私人与公共收藏的起源和功能，他提出博物馆的形成有四种模式：“传统”模式，是博物馆在特定的情况下建立起来的，有自己的运作方式，收藏品向公众（普通公众或选择性公众）开放；“革命”模式，是国家通过发布政令从合法的所有人手中征用不同种类的艺术作品，建立博物馆；“馈赠”模式，这个词古代长期用以形容一个城市的恩人，借用来是指这类博物馆起初是收藏家为了收集艺术品而建，在收藏家离世后，他们的私人艺术藏品被捐赠给出生地、国家或者某个机构，最终向公众开放；“商业”模式，是指由某个机构建造，通过购买藏品最终形成的博物馆。显然这种划分并未归于博物馆类型学中，但是可以把博物馆历史融入一个国家的政治、社会、文化和经济史之中。普希金博物馆经历了特殊的发展进程，以传统模式为起点，后卷入大革命——一段喧嚣的历史，这样的特点在其藏品、举办的活动，尤其是和政权的关系上，都有所体现。

现在，普希金博物馆藏有不同种类的展品。除了主要的古希腊、古罗马、文艺复兴时期的雕塑仿制品——世界上规模最大的收藏之一，以及埃及文物藏品外，到 1940 年博物馆还收藏了 18 世纪欧洲主要流派的雕塑真品、应用艺术品、20 万个硬币、40 万幅画作和复印画。

瓦西里・安德烈耶维奇・特罗皮宁《亚历山大・普希金画像》，1872 年

1924 年 10 月 10 日正式开放的画廊，是普希金博物馆最重要的组成部分。得益于私人和其他机构的定期转让，以及收藏的国有化，画廊规模不断扩大。而最重要的两次艺术品捐赠，分别来自艾尔米塔什博物馆和 1948 年关闭的西方现代艺术博物馆。

古代部分的作品，通过不同流派（包括意大利、德国、荷兰）体现了到文艺复兴时期西方绘画的演变进程。画廊规模最大的展厅中，收藏了欧洲 17—18 世纪主要欧洲艺术大师的杰作，囊括了意大利画派、荷兰画派、西班牙画派、佛兰芒画派和法国画派。另外，从法国浪漫主义大师到欧洲风景画的革新者，画廊还展示了这些活跃于 19 世纪上半叶的不同流派画家的多样性特征。但是，最重要的展示部分应该是 19 世纪晚期到 20 世纪的法国画作系列藏品，这部分藏品的构成复杂，其中有私人藏品，还有通过革命后的集体化、国有化、各博物馆的重新配置政策获取的藏品，反映了俄罗斯文化一段特殊的时期。

虽然石膏雕塑陈列馆和长期开放的艺术仿制品展览会，以教育和学术目的为主，但是博物馆的建造者们也希望在此基础上扩大博物馆的规模。普希金博物馆从十月革命创造的条件中获得了巨大利益：十月革命的文化政策把私人收藏的艺术品国有化，并把这些艺术品重新分配，以此保护艺术和文化遗产，让更多的公众欣赏到这些艺术品。

保罗・塞萨尔・艾利《倚靠着围栏的女人》，1904 年

爱德华・马奈《安东尼・普鲁斯特画像》，1877—1880 年

亚历山大三世艺术博物馆于 1912 年 5 月 31 日（据前苏联旧历为 5 月 18 日）落成，成为俄罗斯第一个此种类型的博物馆。博物馆的建造者、莫斯科教授伊万 · 茨维塔耶夫（1847—1913）在他的开幕词中回忆了上个世纪那些致力于推动俄罗斯文化生活的杰出人物。如出入宫廷陪伴皇后的贵妇、写作爱好者季娜伊达·沃尔科斯卡娅公主（1792—1862），19 世纪 20 年代她在其莫斯科住宅中（大革命过后变成工人们的居所）举办了著名的沙龙；如莫斯科大学文学教授斯捷潘 · 彼得洛维奇 · 塞维罗夫（1806—1864），他支持斯拉夫运动，支持俄罗斯奠定自己的文化根源；再如鲁缅采夫博物馆馆长 N.V. 伊萨科夫。

莫斯科建筑师罗曼·伊万诺维奇·克莱因（1858—1924）在建造普希金博物馆时，秉持着博物馆技术的创新理念，但同时也严格满足古典框架的所有需求：采用了古希腊神庙风格，正面是一排爱奥尼亚柱廊，柱廊形成一个藏宝盒，宝物藏在不同的大厅中，而不同的大厅根据不同历史时期的藏品各有其建筑风格。在进门处，展示有著名的于1890年开始在国外定制的雕塑石膏模制品系列藏品，约6000件政府从古埃及文物学家V.S.戈列尼谢夫手中购买的埃及文物，以及俄国驻特里埃斯特总领事米哈伊尔·S.谢金于1909年慷慨捐赠的私人财产——古代名画。除了这些意大利画派的作品外，米哈伊尔·S.谢金还向博物馆捐赠了几件重要的雕塑作品，均属于私人收藏的装饰艺术作品。这个博物馆，由莫斯科大学管理，被当作典型的教育机构。

无论是管理层面，还是对藏品的收集层面，十月革命都赋予博物馆以自己的面貌特征。首先是私人财产国有化，1918年9月24日又通过了禁止出口艺术品的政令，因此大量的艺术品和完整收藏得以收集并统一调遣，从而成立新一批博物馆。但是把艺术品分配给不同机构，有时也引发了它们对艺术品的持续瓜分。那一年，以保护俄罗斯人们“自然”权利的名义，大量的不同种类的文物成为国有财产的一部分——几个世纪以来，无法估量的文化遗产只掌握在少数人手里，如今在没有约束的情况下，变为国家文化遗产和巨大的知识财富。革命结束后，大量的艺术品留在原归属人住宅中若干年，这些住宅已经被国有化并转变成“故居博物馆”。而更多情况下，各类藏品被重新安置，分配到不同的博物馆中。那些几个世纪以来聚敛大量艺术品的大家族——尤苏诺夫、维亚泽姆斯基、谢列梅捷耶夫、舒瓦洛夫、梅斯捷尔斯基、斯特洛迦诺夫、戈利岑等，被十月革命淹没，而后又重新出现在对俄罗斯博物馆艺术品来源的研究中，把过往的辉煌留给了想象。这些藏品有时向部分受众开放，有时捐赠或者卖给沙皇派的支持者们去充盈皇室博物馆，更多的情况是这些艺术藏品退出了大众的视线。

19 世纪 50 年代起，以所谓的“中产阶级”为代表的特殊收藏现象在莫斯科逐渐形成。这些中产阶级不是贵族，但拥有巨额财富，比如特列季亚科夫、布罗卡尔、祖巴勒夫家族，还有希里金、莫罗索夫、索尔达坦科夫以及其他许多家族，他们开始聚敛古典艺术品和同时

代艺术品，形成具有竞争力和文化开放性的艺术收藏。这些中产阶级经常向公众开放艺术藏品，形成持久而固定的画廊；或者向各博物馆捐赠整项资金，而这种捐赠在大革命前就已经开始了；或者表现出未来想捐赠的意图。如今，伊万 · A. 莫罗索夫和谢尔盖 · I. 希里金是著名艺术品收藏家族的后裔中最有名、最深入人心的两位人士。他们收藏的两大法国现代绘画艺术系列，从印象派到野兽派再到立体主义，体现了艺术的进程和脉络。这两大收藏系列对 20 世纪之初俄罗斯先锋艺术的形成，以及西方文化与俄罗斯文化的对话，产生了重要影响。希里金慷慨地向参观者展示其藏品，相比之下虽然莫

奥迪隆 • 雷东
《Vesy》杂志插画：系列作品 III（裸体）,1904 年

奥古斯特 • 罗丹
《忏悔的抹大拉》，1900—1908 年

罗索夫对参观者进行了挑选，但也无可非议。这些收藏，把俄罗斯艺术和文化同法国艺术和文化连在一起，使20世纪初法国作品中光影和色彩技巧的运用出现在了莫斯科——如果没有这些藏品，20世纪俄罗斯的作品可能会走向完全不同的方向。

十月革命后，这些藏品和珍贵的文化遗产经历了痛苦和复杂的时期，与文化机构的革新、重组交织在一起。那些年建立了新的博物馆，之后这些博物馆大多数又被肢解，博物馆的财产被重新分配给不同的文化机构。所以，虽然普希金博物馆通过一系列的转让丰富了自己的画廊，但很遗憾，通常情况下这种转让没有意识到作为文化实体要保持自身藏品的整体性。总之，革命结束后，与当时的莫斯科博物馆机构历史紧密相连，普希金博物馆开始变革，根据不同的发展阶段多次更名，同时被更改的还有组织结构以及所有的象征。

1923年，人民教育委员会通过了一项关于在莫斯科成立西方现代艺术博物馆的决议，该博物馆收集了谢尔盖·I. 希里金和伊万·A. 莫罗索夫珍贵的现代绘画藏品。这两人的藏品已于1918年收归国有，并先后被移至西方现代绘画博物馆从属的“故居博物馆”中。同年，还建立了西方古典艺术博物馆，主要收集了鲁缅采夫博物馆藏品和收归国有的私人藏品，如著名收藏家谢尔盖的弟弟德米特里·希里金的藏品。谢尔盖本人以收藏古典画作尤其是荷兰绘画作品为主，1903年向鲁缅采夫博物馆捐赠了19幅珍贵画作。

现在的普希金博物馆，馆藏主要来自鲁缅采夫博物馆。1924年从鲁缅采夫博物馆共转入592幅画作，1925年又从特列季亚科夫画廊转入了西方不同画派的作品，其中以19世纪法国画派为主。而20世纪20年代和1930年分别从艾尔米塔什博物馆转入普希金博物馆的绘画作品，被放置于规模在欧洲首屈一指的博物馆画廊中。在整理、重新分配私人及公有藏品阶段，普希金博物馆充实了绘画作品，至此也完成了其初期发展阶段。从那时起，收藏政策也发生了变化：通过与其他苏联博物馆和外国博物馆交换、遗赠、捐献、购买等方式，

亨利·莱巴斯克
《沐浴之前》，
1906—1907 年

巴勃罗·毕加索
《公园里的房子》，
1909 年

不断扩充藏品，直至今日。尽管遭受了战争和大革命，但博物馆从建立之初就知道通过文化推广彰显其特点（1914 年举办了第一次展览）。1916—1920 年文化推广活动停滞，直到 1922 年革新团体和先锋团体举办的展览才得以恢复。如 1921 年建立的“艺术家与诗人艺术生活联盟”（出版杂志《马克维茨》），代表象征派与先锋派分别于 1922 年和 1924 年举办了两场展览；再如，聚集了大多数绘画、书画刻印、雕塑、建筑领域革新派代表的艺术家联盟“4 艺术”在 1924 年举办展览。还有独立的先锋派苏维埃艺术家的展览，如“4 艺术”联盟中的帕维尔·库兹涅佐夫在 1928 年的展览，1918 年悲惨离世的格鲁吉亚最伟大艺术家之一皮罗斯曼什维利的展览于 1930 年举办，在莫罗索夫和希里金的邸宅研究德朗和毕加索的弗拉基米尔·塔特林办展览则是在 1932 年。

由于采取和社会现实主义相关的艺术形态，导致文化活动的停滞，从而熄灭了 20 世纪 30 年代浓烈的艺术之火，已经在艺术和文学领域活跃了20年的先锋派艺术开始衰落。同时，出于“回归秩序”的政治需求，先锋派艺术进入发展末期。而这种现象，不仅局限于俄罗斯。

1937年，像斯大林宣告的那般，完成第二个五年计划的苏维埃联盟正式进入社会主义时期，这个国家也进入了最悲惨的年代之一。从2月23日到3月5日，在苏共中央委员会全体会议上，对残余势力发动了最后的进攻，这次以自我批评和“革新”为名的决定性进攻造成了知识、文化、政治资源无可估量的损失。正是一百年前的1837年2月29日，刚刚37岁的亚历山大·普希金在一次决斗中意外身亡，而在百年后的纪念日上，苏维埃政府决定以其名字重新命名造型艺术博物馆，这位卓越诗人的名字就像一盏明灯照亮了那个黑暗的时代。两年后，第二次世界大战爆发。

1941年炸弹严重损毁了博物馆，1944年博物馆的修复工作开始进行。入侵者们已经无法对攻取莫斯科抱有幻想，现在的莫斯科不再是托尔斯泰所说的“无蜂王的软绵绵的蜂巢”——那时的莫斯科被库图佐夫遗弃了，而波拿巴被莫斯科的风光吸引，想把它占为自己的王朝。纳粹时期，为保住自己的身份，整个城市英勇抵抗几个世纪前已经开始的“向东推”扩张行动，但随着斯大林主义的溃败大抵永远塌陷了。普希金博物馆的珍宝免遭灾难，被撤离到了距离前线几千公里的新西伯利亚和索利卡姆斯克之间的地区。

战争结束后的几年内，普希金博物馆画廊的藏品迎来了最后一个增长期。西方现代艺术博物馆收藏了希里金和莫罗索夫的印象派艺术和后印象派艺术藏品。1948年国家颁布法令关闭了该博物馆，表面上使得博物馆的艺术品免受纷扰的损毁，保护了它们。这些珍贵的收藏品，被分配到了艾尔米塔什博物馆和普希金博物馆。但从保证艺术品完整性的原则上看，这是收藏史上不太愉快的经历之一，因为艺术品的完整性形成于创作者绝非偶然的创作过程中，代表着无法重复的文化历史状况。

1994年，一个新的分部——私人藏品博物馆建成，收藏了1985

年以来收藏家捐献的艺术品。为了避免分散这些艺术品，博物馆把它们集中在特定的建筑大厅进行展示。这些艺术品，包括米哈伊尔·V.阿尔帕托夫的一百多个俄罗斯圣像，俄罗斯及西方艺术大师伊尔季亚·S.齐伯尔斯坦、谢尔盖·V.索洛维夫和亚历山大·拉姆的作品，以及20世纪俄罗斯主要艺术家后裔的收藏品，如亚历山大·罗德申克、亚历山大·泰斯勒、大卫·P.斯捷伦贝尔格等，大大增加了数量已经非常可观的遗产藏品，丰富了艺术遗产的内涵，见证了苏维埃统治时期国家的文化艺术生活——这个时期的文化艺术生活和权力的关系存在很大问题，如同几个世纪中在残暴的沙皇专制统治下的艺术家和文学家的生活状态，也许正因为此，文化活动显得弥足珍贵。

正如普希金在自己最后一部赞美诗中预言的那样："我为自己建立了一座非人工的纪念碑，在人们走向那儿的路径上，青草不再生长，它抬起那颗不肯屈服的头颅，高耸在亚历山大的纪念石柱之上。不，我不会完全死亡——我的灵魂在遗留下的诗歌当中，将比我的骨灰活得更久长，逃避了腐朽和灭亡——我将永远光荣不朽，直到只有一个诗人，活在这月光下的世界里。"在残酷的时代里，普希金的这番话挑战了政权，歌颂了自由，把自由嵌在文明的苍穹上闪闪发光。还有其他做过类似表达的艺术家们，他们的作品都保存在了以普希金命名的博物馆中。

从建立之初，普希金博物馆的数次更名：

1912—1917，亚历山大三世艺术博物馆；

1917—1932，艺术博物馆；

1932—1937，普希金造型艺术博物馆。

为了简便，在描述该博物馆的藏品时，经常使用约定俗成的简称：普希金博物馆。

莫斯科普希金博物馆

主要馆藏

安科纳的弗朗西斯科·迪·安东尼奥

《怀抱圣子的圣母、耶稣和圣人》约 1393

镶金板画
199×238.3cm
博物馆基金，1927 年

锡耶纳画派名作，正中央木板底部留有签名。此祭坛画由 14 块木板构成，其中 12 块分布于两翼；画屏正中央是尺寸最大的圣母和圣子像，上端是基督赐福。两翼画板下段从左至右分别是圣洛伦佐、圣弗朗西斯科、圣施洗约翰、圣比亚焦、亚历山大的圣凯瑟琳以及不能确定的圣莫德斯托；而上段中间为耶稣，左右对称分别为报喜天使、圣母领报及几位圣人。这幅大祭坛画的意义，不仅是为了在祷告的信徒面前显圣，让人们看到难以言传的超凡世界，更是为了通过具有象征意义的肖像具化神学理念。实际上，圣像的作用是表现教理和礼拜仪式。怀抱圣子的圣母玛利亚、耶稣基督赐福和报喜等元素，解释了作品的功能。核心人物是圣母玛利亚，既体现了耶稣道成肉身的命中注定，又反映了上帝在其体内注入通过天主之母救赎人类的计划；道成肉身的圣言形象，即预先存在的圣子，在作品的最顶端，通过这样的形象传递了信仰可以让人们所有的期望都实现的讯息。

佩鲁吉诺，又称彼得罗·万努奇

《圣母和圣子》1495

这幅《圣母和圣子》图，创作技巧和风格明显集合了多种元素，是15世纪翁布里亚画派的代表作。尽管尺寸小，但是自然、生动，使得一种个人崇拜感油然而生。背景是简单的风景画，圣母占据了画面的四分之三空间，她微微向右颔首，头发用头巾拢起，忧郁的眼神望着赏画者。她坐在那里，轻轻地扶着小耶稣。小耶稣，裸体，脚站在妈妈的右腿上，目光向右侧望去。这是经典形象，至少有三十幅画表现了这个瞬间，只是或多或少进行了些变动。佩鲁吉诺的作品，实际上反映了当时的历史背景和社会风貌，也体现了那个时期人们推崇的美丽、庄重、朴素的理想女性形象。佛罗伦萨的菲利波·利皮、威尼斯的乔凡尼·贝利尼、佩鲁贾的佩鲁吉诺，都按照自己的风格创作了理想的圣母形象，但都让人感觉亲切安稳。

木板油画转布面油画
51×38cm
1922年前斯特罗格诺夫收藏，圣彼得堡
1930年后藏于普希金博物馆

桑德罗·波提切利

《天使报喜和圣母领报》1495—1500

这是一幅描绘传统报喜题材的画作，该题材是根据《路加福音》中的描述发展而来的西方艺术内容，起到了以不同传播方式宣扬主题的作用。此类画作由面对面相互依存的两个人物构成，比如在这幅画中（最新分析认为这是波提切利的作品），艺术家把人物画在两个分开的木板上，这样的形式既可以放在祭坛上供信徒祷告，又可以作为珍贵的作品放置在圣体龛上（放在圣体龛上的习俗源于北欧，一直传播到意大利）。对画家的猜测可以在普利亚的弗朗西斯科那里找到论据，他在1503年的遗书中提到神佑的安杰利科的作品《最后的审判》，说是"该画中由波提切利手绘的左右两块木板"如今已经遗失。这两块木板，和波提切利另外两幅小画一起出现在了贵族斯特罗诺夫家族的藏品中。两幅小画上画的是圣捷洛拉莫和圣多明我，现藏于艾尔米塔什博物馆，和其他类似的作品一起被看作波提切利晚期的画作。这幅作品中的两个人物都被安置在了开放的环境中，垂直站立，天使双脚欲离开地面，细微的动作传达了这样一个含义：圣母颔首，准备接受神的旨意。

木板油画转油布蛋彩画
每块油布 45×13cm
G.S. 斯特罗格诺夫收藏，1862 年起藏于圣彼得堡
1928 年起藏于普希金博物馆

老卢卡斯·克拉纳赫

《嫉妒的恶果》(白银时代)1530

木板油画；56.7×38.5cm
D.I. 希里金收藏，莫斯科，1891 年
1924 年起藏于普希金博物馆

女性及受惊吓的幼童，这二者的清亮形象和凶残猥亵的男性角色形成鲜明对比。在其他同主题的作品中，这位艺术家也经常使用这种表达方式。克拉纳赫在其艺术成熟时期，不断重复自己的创作主题，试图使作品更具抽象的装饰意义。

奥维德的《变形记》是绘画和艺术取之不尽的灵感源泉。在该书中，奥维德以诗歌的形式描述了整个宇宙文明的根源，而柏拉图和赫西俄德也都在神话故事中阐述过，认为人类历史是一个逐渐衰败的过程，缓慢但无法避免,先后经历四个阶段,即四个"时代"，且每个时代与一种金属相关联、被一个行星统治。黄金时代是人间天堂，是谦逊、和平、公正的王国，人与自然和谐共处。在文明开化的进程中，人类历史走向下坡路，直到最后的黑铁时代，这个时代里人们道德败坏、战争不断。黑铁时代之前是青铜时代，再之前是白银时代。在白银时代，人类开始陷入困境：需要工作养活自己，第一次发生争论，第一次出现罪恶。作品中的远景是一种隐喻，光明逐渐被黑云吞没，克拉纳赫用透光不均匀的现实主义绘画风格描绘了一个年轻女子被两个男人暴力争夺的片段。嫉妒是一种消极的态度，让人与人之间的关系变得残破不堪，从而影响到整个社会关系，就像画家在其同时期作品《白银时代结束》(伦敦，国家画廊)中描绘的凶杀情景一样。

木板油画转布面油画；117×99cm
A.S. 斯特罗格诺夫购买，
圣彼得堡（18 世纪中叶）
1932 年起藏于普希金博物馆

尼奥洛·布龙齐诺

《神圣家庭和幼年的施洗约翰》
（斯特罗格诺夫的圣母玛利亚）约 1540

从风格上看，画作的手法同画家雅各布·蓬托莫极为相似。《斯特罗格诺夫的圣母玛利亚》是画家早期的作品，深受米开朗琪罗圆形画《圣家庭与圣约翰》的影响，模仿了其中圣母玛利亚的姿势。这幅画是斯特罗格诺夫家族重要的藏品之一，突出了布龙齐诺在其他名作中使用过的类似的构图和色彩搭配。画中人物模仿的是美第奇家族人员的相貌，和其他画作一样，这幅作品很可能是根据宫廷画师常用的方式，暗指托斯卡纳大公家族，主要体现柯西莫一世的思想观念。布龙齐诺注重光学研究，而不注重表现力研究，这使其成为反宗教改革和美第奇大公推崇的道德风尚、礼貌礼节的先驱。这样的研究也让这幅画表现出更加温和、不傲慢的态度，避免了木讷的人物表情，形式上看起来像是艺术家玩了一场智慧的嵌字游戏。

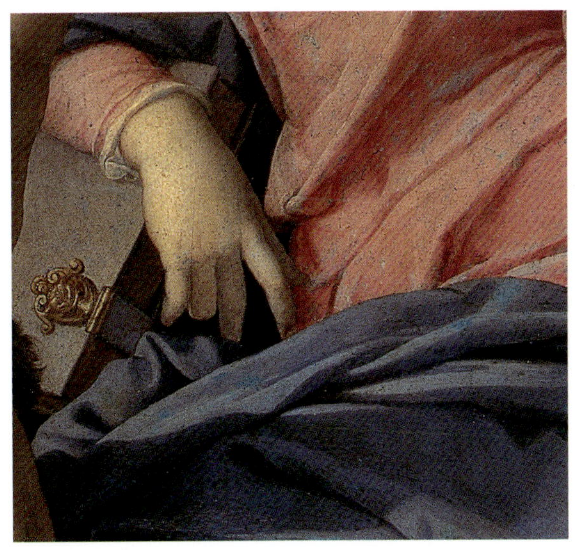

布龙齐诺在这幅作品中开始尝试 16 世纪佛罗伦萨出现的模仿主义风格，整个构图突出了动态感，衣服的褶皱随人物的轮廓呈现出复杂的变化，体现了花叶饰艺术。

彼得・保罗・鲁本斯

《酒神节》约 1615

布面油画；91 × 107cm
艾尔米塔什博物馆购买，圣彼得堡，1779 年
1930 年起藏于普希金博物馆

这幅画在鲁本斯的艺术道路上具有特殊的重要性，它证明了鲁本斯特别关注小神形象——年老的半人半兽斯莱诺，他是酒神狄奥尼索斯的家庭教师，是智者，也是先知，但经常一副醉醺醺的样子。斯莱诺既不是女性，也不是男性；既可以是善战的，也可以充满爱意。作者根据诗人维吉尔在《牧歌集》中创造的艺术原型，集中描绘了酒醉的场景，借此表达爱情和死亡这一宇宙性话题。

这幅画根据鲁本斯的艺术思想，通过表现斯莱诺在酒神节狂欢仪式中的社会化状态，在改变斯莱诺天性的同时证明了斯莱诺的形象变革。酒神的形象源于希腊的狄奥尼索斯，可能由库玛引入罗马，但是元老院认为酒神形象会激励政治阴谋，因此对其明令禁止（公元前 186 年）。石棺上，壁画上，酒神形象在天主教统治之前的若干世纪中已经非常鲜活，经常是艺术家灵感的源泉。鲁本斯在这幅画中，用激烈纷乱的形式、翻滚雀跃的黑暗力量反映了这一主题的创作性质：年老的半人半兽斯莱诺精疲力竭、性格暴躁，他已经无法站稳，被另一个可怕的半人半兽女性架着，受着酒神节上其他怪兽的嘲笑。

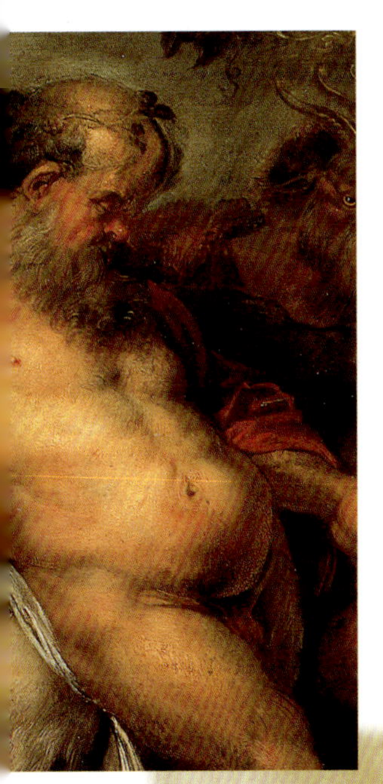

鲁本斯创作的斯莱诺，除了取材于文学作品（如奥维德的《岁时记》和卡图卢斯的《诗集》），还继承了古希腊时期的肖像特点。鲁本斯还使用雕塑作为模型，他根据在德勒斯登观察的雕塑，至少创作了两幅绘画作品，其中的一幅（伦敦，大英博物馆）就是此幅画作中的人物草图。

在这幅画中，鲁本斯运用了罗杰・德・帕尔斯在其作品评论中强调的明暗关系：主角明亮，四周是暗色调，有颜色的人物也加强了这种暗色调，这样也减淡了次级明亮的其他元素、女祭司、野兽身上的亮度和老斯莱诺身上折射的光。

尽管该画作反映的是恶魔的景象，但也通过裸露的半人半神女性暗喻生殖力，她的乳头被两个小恶魔叼在嘴里吮吸着。实际上，半人半神被当作繁殖力和富足的象征。

贝尔纳多·斯特罗齐

《虚荣》1635—1640

布面油画；135×109cm
P.K. 齐罗（P.K.Ziro）收藏，莫斯科，19 世纪末
1924 年起藏于普希金博物馆

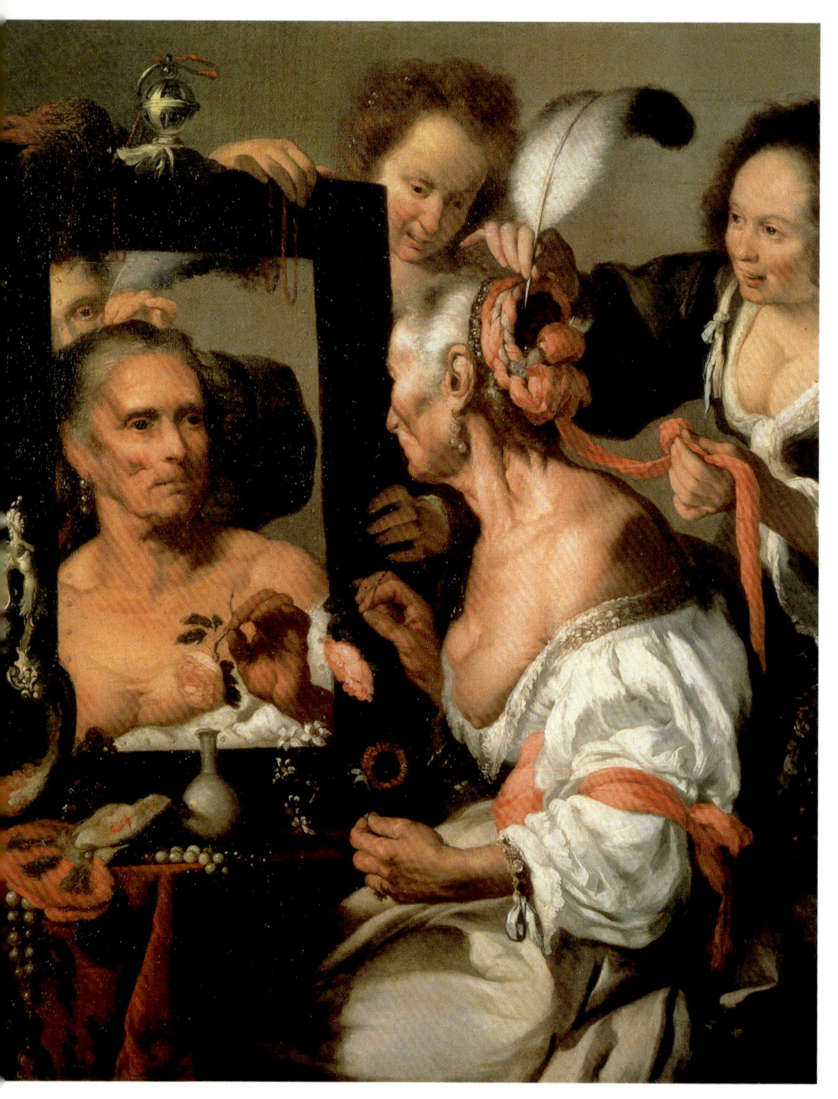

17 世纪，用肖像艺术反映虚荣的手法盛行，虚荣象征着人们华而不实的享乐生活。可以通过一系列典型事物反映出人们的生活状况，如头骨、沙漏、肥皂泡、蜡烛，这些都是转瞬即逝、华而不实的东西。此类画作兴起于 17 世纪上半叶，同 30 年代的战争以及随后的鼠疫传播带来的不稳定大环境密切相关。另外，除了政治主题，画作中还加入了宗教和伦理主题。这幅贝尔纳多·斯特罗齐的《虚荣》描绘了一位在镜子前打扮的丑陋老女人，镜子中反射的影像是一种暗喻，代表了虚荣的外表和人类财富的转瞬即逝。镜子反映出的矛盾性和丰富的含义，同羽毛、珠宝、香水瓶、折断的花联系起来，衬托出一个矫揉造作的年老女人，但她仍然注重发型、自信满满。镜子中人物的目光，好像定格在了随年华逝去的容颜上，那里只剩下遥远的回忆。

彼特·克莱茨

《早餐》1646

木板油画；60×84cm
1918 年前 D.I. 希里金收藏，莫斯科
1924 年起藏于普希金博物馆

艺术家好像赋予了物体生命：小盘子中的柠檬皮呈螺旋状懒洋洋地悬垂在压皱了的布面上，其不规则的褶皱与桌布上有规则的褶皱形成了对比。

该作品属于古画收藏家德米特里·希里金。彼特·克莱茨，德国人，后加入荷兰国籍。他的兄弟威廉也是绘画大师。在这位艺术家的"早餐"系列作品中，桌子是典型的物件。受到其他此类画作的影响，他的早期作品颜色丰富，讲求华丽。随着时间的推移，渐渐去掉了浮华，只画日常使用的器具和简朴的食物，并且使用单调的色彩，体现玻璃和金属的灰绿色调和冷色调。在这幅画中，克莱茨描绘了桌子的一角，上面放着一顿早餐，有吃剩的面包、切开的柠檬、半杯葡萄酒、一些餐桌器具，这些物品沿对角线集中，并随意摆放，都放在刚刚熨好的白色薄毛料桌布上，让人感觉到好像刚刚有人碰过它们，

观画者似乎也参与其中，并准备开始收拾餐桌。无论是画作的构图，还是对颜色、空间、格调的处理上，克莱茨无可挑剔的风格绝对称得上同时代的绘画大师。

布面油画；100×137cm
N.B. 尤苏波夫购买，莫斯科－圣彼得堡，1798 年
1927 年起藏于普希金博物馆

克洛德·洛兰

《欧洲初神和风景》1655

奥维德在《岁时记》和《变形记》中讲述了关于腓尼基国王阿格诺尔的女儿欧罗巴的故事。欧罗巴在海边玩耍时，打动了宙斯，宙斯变成一只白色的牛，绑架了欧罗巴，驮着她穿过海洋。宙斯的第一步行动，就是变成一头牛现身，这展现了一种戏剧性。

这是一个神话主题，各种解释不计其数。克洛德·洛兰从 1634 年起，在近 20 年的时间里绘制了 5 幅同题作品。作品中发展了没有断点、连续性线条的运用，在使用古典艺术技法的同时，艺术家也进行了自由发挥。神话有美学功能，一方面给艺术家们提供了无限的主题、形式和共同语言；另一方面，这种美学功能是新语言发展的结果。在发展中，这些新语言摆脱了神话题材固定的句法结构。洛兰用自己的观点描绘自然风景，表现出了迷人的地平线。画面朴实，对冷色调的运用同神话描述的内容相吻合。艺术家通过回忆千年来其他作品的内容，勾画了完整的风景，让整个景致看上去稳定、可塑，这些特点也成为洛兰艺术完整性的基本特点之一。洛兰善于研究日常光线的变化，笔下的风景云淡风轻，整个氛围纯净透明。他和普桑，以及后来的画家大卫、德拉克洛瓦、席里柯、克罗特、库尔贝，他们在艺术上无法企及的造诣推动了印象派的产生，随后又开启了更极端的前卫艺术形式。

凡·莱因·伦勃朗

《亚哈随鲁、哈曼和以斯拉》1660

布面油画；73×94cm
艾尔米塔什博物馆购买，圣彼得堡，1764 年
1924 年起藏于普希金博物馆

对达·芬奇《最后的晚餐》的研究，让伦勃朗完成了大量设宴主题的作品，包括这幅取材于《以斯拉记》的画作。对文艺复兴绘画作品典范的细致研究，使艺术家在其作品中能够自由地表达、构图。波斯国王亚哈随鲁，抛弃了第一任妻子，迎娶了末底改的养女以斯拉——一位“貌美的少女”。以斯拉向亚哈随鲁隐瞒了自己的希伯来血统。在末底改的帮助下，以斯拉发现了国王的大臣哈曼的阴谋，他计划通过占卜在某一天杀掉所有犹太人。以斯拉邀请国王和哈曼参加盛宴。画中，以斯拉正勇敢地揭发哈曼的阴谋，央求国王拯救他的子民和她自己——一个希伯来人。最终，哈曼被判处绞刑。犹太人为纪念这次逃脱危险，设立了普珥节，肯定了以斯拉劝说成功、圆满挫败阴谋的行为，以斯拉本人也成为生命和幸福的象征。人们的信仰和祷告总是同圣母玛利亚——耶稣的母亲联系在一起，而圣母玛利亚总是以这位希伯来女性作为形象，为犯罪的人类向耶稣求情。

尼古拉斯·普桑

《里纳尔多和阿尔米达》1630

布面油画；95×133cm

艾尔米塔什博物馆购买，圣彼得堡，1766 年

1924 年起藏于普希金博物馆

尼古拉斯·普桑多次画过此类主题，这段历史可以追溯到《解放了的耶路撒冷》。在这幅画中，含蓄的语义学表达丰富了文体和内容。画家不仅同时描绘了两个场景：阿尔米达爱上正在熟睡的里纳尔多，以及阿尔米达乘坐战车从天而降，为了带走里纳尔多。而且通过神话原型自如地表现出复杂的画面元素，这些元素用以满足作品的需要，避免没有独创性的重复。人们可以从画作的层次中解读出普桑对罗马的思念。除了在路易十三世的宫廷工作的两年时间，罗马是普桑一直奋斗的地方。在这幅画中，画家采用了希腊神话恩迪弥翁中的一些元素，这些元素曾被用在古老的罗马石棺上，如深陷爱情的月亮女神塞勒涅夜晚探视曾因试图占有艾拉受宙斯惩罚而熟睡的猎人。此外，石棺上的图案还被这位画家用在了另一幅作品中。天才普桑不仅从文学作品中汲取素材，还从传统的肖像画中获取完整的绘画题材。

塞勒涅是阿尔米达的原型，她要用马车把里纳尔多虏获到天上。阿尔米达从马车上下来，奥拉握着马车的缰绳，而马车的风格是普桑根据罗马建筑遗迹创造的。马车被打旋的浓雾围绕，普桑采用了三角构图法。在画作《塞勒涅与恩迪弥翁》（藏于底特律艺术馆）中，普桑也运用了这种构图方式。

第一次十字军东征时，女巫阿尔米达受基督教异教徒联盟者撒旦的派遣，报复王子里纳尔多，因为里纳尔多犯下罪行，解救了被阿尔米达变成怪物的战友。但是，看到在欧朗提斯河边熟睡的里纳尔多，阿尔米达立刻爱上了他。里纳尔多的姿势——左臂枕在头下，肘关节和弯曲的膝盖平行——模仿了某个石棺上描绘恩迪弥翁故事的浅浮雕。

这个强壮的男性角色是欧朗提斯河的化身，他把一个大水罐中的水源源不断地倾倒入河中。这一形象，使人们想起原始的海洋之神。在描述古老的神话时，普桑表现了自己丰富的诗词知识，用古典语言保证了描述的连续性。

弗朗西斯科・瓜第

《亚历山大大帝在大流士三世的遗体前》1740—1750

布面油画；95×126cm
鲁缅采夫博物馆，莫斯科，1919年
1924年起藏于普希金博物馆

这幅画自由模仿了詹巴蒂斯塔・兰杰提的作品《普里阿摩斯和阿喀琉斯》（热那亚，私人收藏）。V.N. 拉扎列夫认为这是瓜第的作品。用浓重的色彩区分不规则且丰富的画面层次，这和这位威尼斯画家追求的光线效果相符合。

这幅画可以体现出弗朗西斯科・瓜第诗化的创作语言。瓜第被评为威尼斯艺术衰败的忧伤领唱者，作品基本上完成于威尼斯共和国衰落时期，常象征死亡。在多产的家庭画室中工作，他的创作丰富，涉猎了众多主题。除了已经为人熟知的既写实又充满幻想的威尼斯风景画，以独特的创作、绘制给人留下深刻印象的贵族画，尝试“土耳其”风格以外，瓜第还尝试宗教、神话和历史题材。得到了背叛波斯国王大流士三世的总督拜苏将国王投进监狱，并且自己继承王位的消息后，亚历山大打入了大夏，但是大流士已经被杀害。瓜第用那个时期写实的、象征性的绘画笔调描绘了这一悲剧片段：波斯国王的尸体是作

品的核心部分，也是画面中最亮的部分，突出了轮廓的立体感，其他部分都因此暗淡下去。第一排右侧的人指着国王的尸体，而亚历山大身披红衣呆若木鸡，在朦胧的景致衬托下艺术家具体描绘了其他各个人。这种对景致的处理，瓜第受到了马尼亚斯克的影响。

弗朗索瓦·布歇

《赫拉克勒斯和翁法勒》1758

布面油画；90×74cm
N.B. 尤苏波夫从 M.P. 戈里津手中购买，
莫斯科 – 圣彼得堡，1827 年
1930 年起藏于普希金博物馆

启蒙运动中社会政治自由主义的发展孕育了洛可可艺术，它提倡非传统，体现享乐主义和情欲的表达方式。自由思想的灵魂推动了进步主义概念的发展，认为自然界中

的一切本质上都是正面积极的，这就激发了当时的艺术对性、欲望和快乐的积极探究。以神话为主题的洛可可风格的绘画作品，颠覆了巴洛克风格的传统特点，象征路易十四的英雄和男子气概的神消失了，出现了男神、女神和童话中的人物，这能够更好地表达核心思想。布歇是这一流派最主要的代表人物。根据奥维德的《岁时记》和阿波罗多罗斯（古希腊雅典画师之一）的作品，艺术家在该画作中描绘了激烈的肉欲场景，使得这幅画成为反映这种新神话视野的典型作品。在凌乱的卧室中，宙斯的儿子大力神赫拉克勒斯，充满激情地搂着吕底亚女王翁法勒（赫拉克勒斯因为杀死了伊菲托斯，受众神惩罚给翁法勒做三年奴隶）。布歇对性爱明确的宣扬，激发了同以往的说教完全不同的一种对神话的解读方式。

一个小爱神，捧着一张狮子皮。这张狮子皮之前是穿在赫拉克勒斯身上的，而人性的翁法勒让赫拉克勒斯脱下了狮子皮，穿上女人的衣服。在其他的从该神话中汲取主题的作品中，还表现了赫拉克勒斯意欲去纺织的画面。

詹多梅尼科·提埃波罗

《浪子回家》1780

布面油画；49×59cm
N.B. 尤苏波夫购买，1789 年前藏于圣彼得堡
1924 年起藏于普希金博物馆

为了体现作品的高潮，画面中融合了复杂的情感：内疚与宽恕。归来的浪子，谦恭地跪在父亲面前；第二层中，长子在阴影里。艺术家用自己的叙述语言表达这些行为，但和他父亲精湛的表现手法有很大差距。

这幅小画可以看作是形象艺术中“造型描述”（文学词汇，指对叙事文本中的艺术作品进行描述）的成功范例。从拙劣的模仿到仿效再到改编，18 世纪的肖像绘画发生了一系列形式上的变化。有两个根源是人们所熟知的：一是詹多梅尼科的父亲詹巴迪斯塔·提埃波罗的插画，二是詹巴迪斯塔·高里的画作。该作品的左半部分完全照搬了插画《亚历山大和布西发拉斯》（1760 年，巴黎，小皇宫美术馆）中的内容，廊柱后面是敞廊，把建筑作为背景。普鲁塔克在《亚历山大的一生》中描绘过这样的场景：年轻的马其顿冒险骑上了难驾驭的马布西发拉斯，这匹马是菲罗尼克·特萨罗送给他父亲的。画作右半部分中的人物和布景都模仿了高里的《圣殿》（巴黎，卢浮宫），无论是两个主要角色，还是吃醋的长子、拿着清洗干净的盘子的仆人，他们的动作都通过这位艺术家的描绘表现出来，和慈父般的形象有很大差别。

布面油画；58×43cm
P. P. 乌萨科夫收藏，圣弗朗西斯科
（得于 N.N. 德米朵夫藏品，巴黎），1860 年
1924 年起藏于普希金博物馆

雅克·路易·大卫

《安德罗玛克的痛苦》1783

受学院派支持，雅克·路易·大卫为完成这幅伟大作品（今藏于卢浮宫）建立了这个画室，再现了《伊利亚特》中描述的片段：特洛伊城的大英雄赫克托耳被阿喀琉斯杀害，躺在床上；他的妻子安德罗玛克极度沮丧地靠在床边，双脚张开；头盔和剑放在灵柩台旁。寡妇夸张的神态，因儿子阿斯悌亚纳特温柔的手势而有所缓和，小男孩徒劳地想要安慰妈妈。葬礼用品反映了艺术家忠实于荷马书

中的描述，如燃烧香料的大烛台。在这幅画中，画家显然受到同时代传统绘画手法的影响，但在风格和主题上也加入了新的表达，比如死人的姿势，以及通过男性化的悲伤方式反映女人的痛苦。这种缺乏装饰性的朴素的古典风格，也传达了一种政治信息：和道德观念相比，绘画的价值处于次要地位。大卫是一个不断追寻纯粹美的画家，把艺术作为推动教育、文明、伦理的手段。

床板上的图案，复制了罗马阿尔巴尼乡村石棺上的内容。这些图案也描述了和特洛伊王子的死亡相关的片段：杀死赫克托耳后，在这位英雄的老父亲普利亚莫的央求下，阿喀琉斯才残忍地把遗体变成尸灰归还给他。

让-奥古斯特·多米尼克·安格尔

《圣体饼前的圣母玛利亚》1841

布面油画；116×84cm
美术学院，圣彼得堡
亚历山大·尼古拉维奇·罗曼诺夫赠，1845 年
1930 年起藏于普希金博物馆

和之前的圣母作品比，安格尔不寻常地用圣体饼代替圣子，以纪念耶稣道成肉身。耶稣以自己的身体做为圣餐的一部分，圣体饼是耶稣牺牲的象征。

1839 年，亚加斯时任罗马法国学院主席，接受有威望的沙皇俄国太子（未来的亚历山大二世）的邀请画了一幅圣母像。圣母两旁站着圣尼古拉和圣亚历山大·涅夫斯基，他们是大公及其父亲的资助人。安格尔希望通过金银首饰和东正教的圣像风格——尤其体现在两位男性角色上，来表现这幅“俄罗斯”式的作品。但是不管画家怎样努力，作品都清晰地折射出拉斐尔的画作风格，因此这幅画作在俄国是不成功的。《圣体饼前的圣母玛利亚》被带到圣彼得堡，统治者对它的评价温温吞吞不冷不热，所以很快就移交给了艺术学院，在那里该作品“被抛弃，没有得到好的展示，和另外一幅作品被评为毫无艺术价值的画，并且被放置在一个窗洞中”。而这位艺术家也痛苦地表达了自己打算退回报酬的意图。在后来的版本中，这幅没有圣人，而集中表现了圣母和两个天使形象的画作，受 19 世纪古典石印油画的影响，引发了一系列作品。

布面油画；48×66cm
S.M. 特列季亚科夫收藏，莫斯科，1892 年
1925 年起藏于普希金博物馆

让-巴蒂斯特·卡米耶·柯罗

《一阵风》1866

在一片森林中，树被风吹弯了，树叶随风摆动，一位农妇背着木材走在森林中，迎着狂风吃力地保持着平衡。1853—1854 年，风中的景象引起了柯罗的兴趣，成为这位画家创作的主题之一，直到 1864 年他在沙龙展出这一系列画作。作品有时画的是海边，风景很难定位，但是能从中体会到特别的感受和艺术气息：一方面明确地区别于普桑和洛兰的理想化风格，另一方面也和浪漫主义早期代表范·雷斯达尔宣扬的“史诗”风景有所不同。另外，在那两个法国人的作品中，自然风景经过了艺术家提炼加工的过程；在那个荷兰人的作品中，强大的自然总给人们和建筑物留有一种可能性。而在柯罗的作品中，尤其是“一阵风”系列作品中，可以体会到人们没有从处于绝对优势的自然力量中脱险——这跟他的个人经历可能也没有必然关系。

作品中的褐红色调，预示着风暴发生在日落时分。同树木相比，女人的孤独和艰难被放大了。

克劳德·莫奈

《草地上的早餐》1866

布面油画；130×181cm
S.I. 希里金收藏，1918 年前藏于莫斯科
1948 年起藏于普希金博物馆

爱德华·马奈在其作品《草地上的早餐》中（1863 年，巴黎，奥赛美术馆），用新颖独特的方式反映了传统主题。向这幅画发起挑战，引发了年轻的莫奈的兴趣。1865 年他开始以自己的全新视角诠释这一主题：一块普通的画布，长 6 米，宽 4 米，美丽的自然风景中点缀着几个人。这一作品分成两个部分（另一部分藏于奥赛博物馆），体现了画家的野心，但最终未能完成；这幅画也没有满足印象派对“户外”的要求，即画家要走到户外，描绘自然光照下的事物，体现光照下的顺时变化，避免关在画室内创作的局限性。“除了我的画，我什么都不想，我确信如果我失败了一定会发疯。”莫奈在给他的好友弗雷德里克·巴齐耶的信中这样写道。弗雷德里克·巴齐耶总是作为某个人出现在莫奈的画中，在这幅作品中，那个络腮胡子、半侧卧着、轻轻地用手肘支撑起身体的人便是他。这幅巨作“名副其实”的成就是：画室被移到了“户外”——一片四周笼罩在阳光下的林中空地。在美好的氛围中，艺术家把目光锁定在了处于瞬息万变的自然风景里的法国乡下贵族们的身上。画中，光线最亮的台布把分散在四周的视线集中在一起，展现了光与影的色彩特征，体现了艺术家独特的艺术思想。仅两年后，爱弥尔·左拉便预言：“只要他想，莫奈就能征服所有人。”

克劳德·莫奈

《嘉布遣会林荫大道》1873

布面油画；61×80cm
I.A. 莫罗索夫购买，莫斯科
（杜兰德－鲁埃尔美术馆，巴黎），1907 年
1948 年起藏于普希金博物馆

在多次描绘了经典的巴黎后，莫奈把目光投向了嘉布遣会大道，他选择把摄影师纳达尔位于大道 35 号的工作室作为观察地，创作了两幅风景作品。其中便包括这幅，该画 1889 年归画家和奥古斯特·罗丹共有，后被伊万·莫罗索夫买走。它与《日出·印象》（1873 年，巴黎，马尔莫坦美术馆）同年完成，后者成为"印象派艺术运动"名称的来源，促进了莫奈自由、个人的风格的产生。1874 年在纳达尔工作室举行的第一次印象派艺术家展览上，这幅画遭到了很多人的嘲弄，路易斯·勒罗伊嘲讽这些反映巴黎人群攒动、熙熙攘攘情景的夸张线条说："那些低矮的小黑条永远都不会有意义。"欧内斯特·谢诺认为，最合理的假设是这幅画就是一幅草图，"永远，永远都不要忘记转瞬即逝的运动状态，这幅精彩的草图正是抓住了其中之一，体现了瞬间的流动性"。但是，这幅画也成为不同文化背景之间进行创造性对话的重要作品，爱德华·蒙克认为这是整个一代俄罗斯艺术家学习的范例：我们只需要记住康斯坦丁·A. 柯罗文作品《巴黎，嘉布遣会林荫大道》（1911 年，莫斯科，特列季亚科夫美术馆）中的夜晚景色，无论是主题还是画家从高处俯瞰采用的透视缩小画技术，都是俄罗斯印象派的代表作，是我们欠这位法国大师的恩情。

印象派艺术的理论根基是：以色彩描绘出画家要表达的意图，不明朗地勾画出周围的环境。1860 年起，莫奈开始使用纯色系绘画："我使用白色、镉黄色、钴蓝色、铬绿色，这些就是我使用的全部颜色。"黑色只是最后表现出来的颜色，由蓝、绿、红配比而成。

画家通过提升视角表现出了画面的生气，这是一种不常用的构图方式。例如，把右侧两个探出身子的绅士按透视方法缩小，这样有利于描绘人物下方的场景变化。从这幅画起，19 世纪学院派风景画的限制被打破，形成了新的画派。

L. 勒罗伊在他的文章中愤怒地把这幅画比作是一块有大理石纹理的褐色画布。在这上面，莫奈绘制了马车与树之间熙熙攘攘的人群，拥挤在城市的建筑之间；为突出印象，他用褐色的斑点密密匝匝地表现行人、交通工具、道路和气氛，这一切笼罩在光下，在树干与树枝间闪烁着。

埃德加·德加

《摄影师眼中的芭蕾舞者》1875

布面油画；65×50cm
S.I. 希里金购买，莫斯科
（杜兰德－鲁埃尔美术馆，巴黎），1902 年
1948 年起藏于普希金博物馆

1877 年乔治·里维埃曾评价说：“欣赏过芭蕾舞者画作的，就不需要再去剧院了。”1879 年，该作品在第四次印象派画展中展出，是画家 1873—1879 年间完成的“芭蕾舞者”组图中的第一幅。根据画家本人的记录，这幅画就像他从钥匙孔中观察舞者的动作，对现场情况进行不寻常的剪辑。像是一张快照，未经思考留下瞬时印象，然后把它描绘成清晰的画面，如同有一个看不见的摄影师一般——这也是画名的来源，仅仅用来暗示作品是在花架上完成的。“不像印象派的印象派”已经取代了学院派对身体的崇拜，打破现实束缚地观察人体，使其充满生机和个性。无论是社会表征，还是出于自身的活力，女性身体像所有有生命或无生命的物体一样，成为画家研究和观察的对象。归根结底，艺术家对其他人的细致观察和分析，进一步提升了自己的创作能力。画作背景是玻璃窗外巴黎房顶迷人的风景，光线透过大玻璃窗增强了窗帘和蓬蓬裙的丝滑质地，也体现出了画家对室内、室外关系的精心设计。

奥古斯特·雷诺阿

《裸体女人》1876

布面油画；92×73cm
I.A. 莫罗索夫购买，莫斯科
（杜兰德－鲁埃尔美术馆，巴黎），1904 年
1948 年起藏于普希金博物馆

雷诺阿可能是所有时代中最擅长表现裸体的画家之一，他喜欢反复强调："对我来说，如果没有实现可以触捏的感觉，一幅裸体画就没有完成。"该画作描绘了一位坐在室内、衬托在特殊光线效果下的裸体少女，她只戴了一只金色手镯，四周是白色的床单。绘制此作品时，这位艺术家还没有接受印象派的巨大创新。雷诺阿把紫色、蓝色、绿色融合成了无法比拟的柔和色彩，达到了雪白柔软的肌肤效果。但是阿尔伯特·沃尔夫轻蔑地评价道："这些画点描绘了一具完全腐烂的尸体。"裸女半透光的肉红色身体和写实的脸庞，效仿了布歇和弗拉戈纳尔描绘的经典形象，但是表达了相反的核心内容：少女的透明清澈和简朴的布景削弱了画面的性欲；画家用快速的笔触勾勒背景，突出了布料的柔软；并使用大片明亮光洁的白色，在光亮与阴影之间体现了象牙般的色泽。和"浴女"系列作品一样，居中构图把所有的目光集中在裸体上，这让雷诺阿 1880—1890 年间的创作同印象派技术有所区别，画家的想象力这时也达到了顶峰。

奥古斯特·雷诺阿

《在煎饼磨坊的树下》1876

布面油画；81×65cm
I.A. 莫罗索夫收藏，莫斯科，1907 年
1948 年起藏于普希金博物馆

该画作与印象派经典作品《煎饼磨坊的舞会》（巴黎，奥赛美术馆）相关联，被看作画家另一部成功作品的草图。画作背面的信息告诉我们，画中的人物代表了雷诺阿的几个朋友：模特妮妮·洛佩（左侧站立的女人）、克劳德·莫奈（坐着的戴帽子男人，侧面）、画家查尔斯·考迪尔（穿浅色衣服）、画家弗兰克·拉米（穿深色衣服）。雷诺阿经常和这些朋友出没煎饼磨坊，旁边总是有记者兼作家乔治·里维埃陪伴。画家用优雅和满含情感的方式，颂扬了假日聚会上资产阶级的无忧无虑和快乐。人们总是说起一件关于画家的逸事：一次，在画室学习的小学生问画家："如果绘画不能让你们开心，你们就不会动笔，不是吗？"雷诺阿答道："是的，我请你相信，如果没有兴趣，我什么都不会画。"对雷诺阿来说，对绘画的喜爱和他所信仰的艺术第一性密不可分。他认为艺术是用来分享快乐的，通过再现一天中光线和情绪的不断变化，重获生命和自然的力量。彩色的阴影洒在衣服上、人的身上和自然风景上，同时画家去除了几乎所有的灰色调，采用相近的互补色，以此创造出了印象派作品的特殊效果。

奥古斯特·雷诺阿

《让娜·萨玛莉夫人像》1877

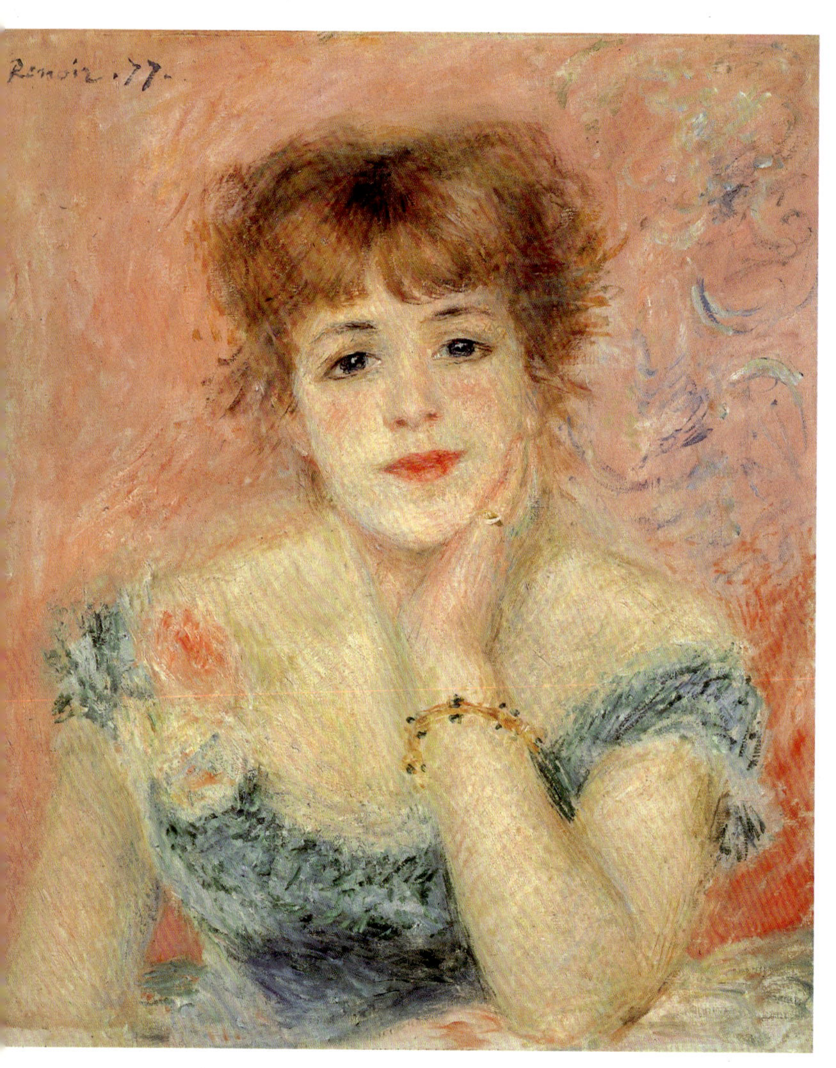

这幅小画反映了纯正的印象派“教义”，也是雷诺阿创作巅峰的代表作之一，尽管他还很年轻。画中的女演员摆出这个姿势时，刚满 20 岁。雷诺阿后来听到女演员早逝的消息时，回忆了她纯净、让人难以忘怀的美丽瞬间：“她的皮肤很美！她照亮了周围的一切！”在这幅巨作中，雷诺阿成功地实现了他伟大的抱负之一：通过在玫瑰红色的背景和褐色头发周围快速起落的画笔，形成短促的线条，捕获了主人公面部闪亮的光线。和同时代伟大的“户外”作品相比，这一时期雷诺阿创作的不同肖像画表现出了更传统的风格，他把主要注意力放在勾画轮廓上，但与对光线晃动、阴影着色效果的不断探究相融合。这幅精彩的《让娜·萨玛莉夫人像》，代表了艺术家创作的一个顶峰。在这个阶段，雷诺阿创作出了一些最伟大的印象派巨作；同时，这个阶段画家的技法也持续变革，十年后达到只通过色彩实现人物立体造型的极致手法。

布面油画；56×47cm
I.A. 莫罗索夫购买，莫斯科
（杜兰德－鲁埃尔美术馆，巴黎），1904 年
1948 年起藏于普希金博物馆

阿尔弗莱德·西斯莱

《枫丹白露的林间空地》1885

布面油画；60×73cm
I.A. 莫罗索夫收藏
1918 年以前藏于莫斯科
1948 年起藏于普希金博物馆

阿尔弗莱德·西斯莱是一位不折不扣的风景画家，只画过极少的人物像和几幅水果、猎物静物画。虽然追随了一段时间透纳和康斯特勃的绘画风格，但他和柯罗、莫奈都擅长表现印象派风景画中色调的细微变化。1864 年，西斯莱离开巴黎艺术学校，开始在枫丹白露附近绘制“户外”画作，这部分作品也是他最喜欢的主题之一。最开始以棕色、绿色、深蓝色等暗色调为主，画面风格严峻而不亮丽，1870 年转为使用暗淡程度减弱的色彩，这与新印象画派技术有很大关联。但是西斯莱的初期作品就已经反映出他自己对光和大气效应的认知，这种认知也是画家成熟时期进行创作的关键因素之一。他可能是唯一一位一生中都没有获得成功的伟大的印象派画家，死前他把自己的遗孤托付给知己莫奈，莫奈在他死后举办了一场印象派作品售卖会，把收入留给了西斯莱的孩子。而西斯莱也被看作印象派纯正的代表之一，即使不是最纯正的，从忠诚的角度看，他的风景画和视觉印象也担得起这种评价。

保罗·塞尚

《自画像》1882—1885

布面油画；45×37cm
S.I. 希里金收藏
1918 年前藏于莫斯科
1948 年起藏于普希金博物馆

塞尚凝视着，目光敏锐，试图把自己的脸部特征集中表现出来。画家通过健壮的外表和炯炯有神的目光，表达强烈的情感，实现同观画者的交流。

在一系列自画像——包括和妻子、孩子的作品中，塞尚明确地试图洞察内心，大多数情况下这种尝试可以帮助他探求自己的艺术家身份。在自画像和静物画交替创作中，塞尚形成了让他获得成功的创作方式，并把这种方式反映在自己的艺术中。“为了取得进展，需要用眼睛观察同自然的关系。一个桔子、一个苹果、一个梨和一个头像，都有一个最高点，不管光与影的效果还是色彩，这个点都离我们的眼睛最近；物体的边缘沿着我们的视线向中心趋近。”1904 年塞尚写下这几行话，足以说明他给绘画史带去的革命性成果。塞尚抛弃了严格的透视规则，把物体简化成单纯的几何形状，绝对主观地使用光线和色彩，这些都创造了新的语言，突破了视觉表现形式的概念，为“现代”艺术打开了新局面。

布面油画；65×81cm
S.I. 希里金购买，莫斯科
（杜兰德－鲁埃尔美术馆，巴黎），1898 年
1948 年起藏于普希金博物馆

克劳德·莫奈

《美丽岛峭壁》（科顿港岩石）1886

1886 年 9—10 月，莫奈搬到位于布列塔尼海岸以南的亚特兰大岩石岛——美丽岛。1886 年莫奈在给贝尔特·莫里索的一封信中说，他本人为了探寻“可怕阴暗，但非常漂亮，第一眼便吸引了我”的环境，穿过垂直地立于海中、犬牙交错的陡壁。莫奈远离了博尔迪盖拉的地中海炎热气候，他曾经和雷诺阿共同居住在那里。亚特兰大的光线阴冷，像通过光学滤光器一样照在礁石和大海上。尽管不易辨认，但画家用岩石周围巨大的泡沫漩涡表现了大海怒吼时的躁动和不安，用少量的白色笔触表现了北部水域中激起的泡沫。画面的颜色色调一致、浓烈，下笔有力，极似“印象派表达”。天空、岩石、海洋的颜色交相辉映，就像景色的快照，充满活力；同时海水和风腐蚀了礁石，莫奈通过这些表达了作品的真正含义——画家绘制的是时间，是它改造了自然和岩石。

塞纳平静的海岸让印象派画家痴迷，这幅画描绘了生机磅礴的大海，海浪敲打着岩石，若隐若现。

克劳德·莫奈

《艾特尔塔峭壁》1886

布面油画；66×81cm
S.I. 希里金购买，莫斯科
（杜兰德－鲁埃尔美术馆，巴黎），1898 年
1948 年起藏于普希金博物馆

居伊·德·莫泊桑看到莫奈 1883 年完成的著名肖像画时，回忆了在诺曼底海岸艾特尔塔峭壁的时光——几个年轻人带着几幅画，跟随莫奈去了峭壁，或者和莫奈一同归来。在那个时代，艾特尔塔还曾吸引过库尔贝和德拉克洛瓦。莫泊桑继续写道：随着光线的变化，莫奈更换画布，这样他能在每天的同一时间不断加工这些画布，直到出现同样的光线条件，“他用短线条描绘光线和飘过的云”。莫奈认识到，如果把注意力集中在光－色搭配上，就会面临完全丧失轮廓和图形的危险。他采用了两种不同的表现方式，恢复传统绘画（也就是雷诺阿提出的所谓“重返博物馆”），或者把这种绘画方式中存在的固有矛盾发挥到极致。莫奈用行动给出了答案，他选择不同光照条件下的同一个事物，画成系列作品，并按顺序摆放。这就产生了同一天不同时刻不同大气条件下的“干草堆”系列、“杨树”系列、“卢昂大教堂”系列以及著名的“睡莲”系列，这些创作占去了莫奈生命的最后 30 年。

夜幕刚刚降临，迷人的日落呈暖色调，小舟让画面变得生动。莫奈被海上的渔人吸引，精准地从海滨的西北方向观察景象。他对海的兴趣，让他绘制了不同气象条件下的大海。

视觉的最高点落在著名的峭壁上，制造了惊人的效果：海岸被巨大的直立在海中的峭壁占据，除了峭壁还有阿瓦尔海岸、阿蒙特海岸、斜坡型拱门和高 70 多米的方尖碑。莫奈还描绘了附近的一系列独立峭壁。

1886 年莫奈处在所谓的“表现主义”阶段——短线条像一个个逗号，这一技法影响了梵高，也预示了印象派和该画派最主要的代表人物莫奈自己的危机——此时印象派精神发生了变化。虽然画家只进行了整体扼要的描绘，但仍能辨识出不同的细节。

保罗·塞尚

《皮埃罗和丑角》1888

布面油画；102 × 81cm
S.I. 希里金购买，莫斯科
（杜兰德 – 鲁埃尔美术馆，巴黎），1904 年
1948 年起藏于普希金博物馆

对塞尚来说，1884 年之后的几年是他辛勤收集、寻求自我意识的时期。远离了“文明”和自己的摇摆不定，塞尚建议创立“新古典主义”，旨在重新创造现代世界形象，并通过意识而不是外在的形态识别这种形象。根据“持续性”原则进行空间分析，从多个观察角度分析事物，增加了表达的含义。这幅画就是这种空间分析法的典范，而艺术家通过人物动态又加强了这种空间分析。塞尚通过精确的动作、态度和色彩符号，加强了两个男性角色的对比。这两位喜剧艺术的主角——丑角和皮埃罗，看起来是在影射他和小说《戏剧》的作者埃米尔·左拉之间的友谊，小说中的主角是一位失败的艺术家，塞尚认为那是他自己。这位艺术家生命的最后几年异常孤独，1877 年印象派大展的失败让他和该运动彻底分离，并开始个人研究。塞尚的个人探索将引导他人取得更高的成就。

文森特·梵高

《阿尔勒斯的红葡萄园》1888

布面油画；73×91cm
I.A. 莫罗索夫购买，莫斯科，1909 年
1948 年起藏于普希金博物馆

1888 年 2 月，梵高决定隐居于卡玛格的阿尔勒城作画。他在那里一直待到第二年 5 月，那时他已经出现精神问题，不久就悲惨地离开了人世。这段时间，梵高的创作发生了根本性变化。在梦寐以求的平静中，他逃脱了炽烈的巴黎，逃进了激昂的文化艺术生活和色彩丰富的风景里，那风景在耀眼的阳光下映出清晰的轮廓。在迷人的自然风光中，艺术家寻到了所有元素，从中创造出了现代艺术的根本出路。梵高的艺术作品，无论和印象派，还是和由塞尚引导的立体主义都毫不相同。他的线条自由随意，在画笔剧烈的抖动中体现画面的空间感和轮廓，这种方法对“表达主义”、“野兽派”、加剧寻求纯净的色彩以及强调轮廓的简洁都产生了不可小觑的影响。梵高的短暂一生中承受了巨大的痛苦，正如他所说的：“在一个艺术家的生命中，死亡也许不是最困难的事情。”

画家通过和谐搭配的有力笔触，运用彩色的短线条绘制了充满生命力的主题，而充满大众和原始魅力的主题则增强了画面的表现力。

布面油画；65×81cm
S.I. 希里金购买，莫斯科，1891 年
1948 年起藏于普希金博物馆

保罗・西涅克

《圣布里亚克沙滩》（212 号作品）1890

1882—1886 年乔治·修拉推动发展了新印象派技术，或称“点彩法”。这种技术很快被保罗·西涅克吸收运用，并进行了彻底改良。1890 年，在创作这幅作品时，西涅克正处于自我艺术革命时期的第一阶段。该作品属于艺术家在布雷特格纳完成的四幅系列作品中的一幅，西涅克想通过该系列作品体现主题的变化，并根据音乐的命名方式把这些作品简单地以数字命名（209—212）。西涅克对俄罗斯前卫艺术产生了影响，比如在年轻艺术家卡济米尔·马列维奇的一些作品中，人们可以发现他通过伟大的收藏家希里金的藏品学习了这样的作画方式。对西涅克来说，视觉混色和分离的鲜艳色彩有关，把它们协调一致从而创造一种“和谐”的状态。这就是“新印象”，就像他在自己最著名的作品《欧仁·德拉克罗瓦——新印象派》中所说的：新印象派让艺术超越了怯懦的唯物主义（费利克斯·费内翁的“不确定的事实”），实现画面的“最高和谐”和精神上的和谐。尽管年轻，但西涅克已经是经验主义的领军人物，他瓦解了绘画语言，并以精湛的方式对其进行重组。这是画家探究的第一阶段，将引导他走向非常不同的结果。

文森特·梵高

《费利克斯·雷伊医生像》1889

布面油画；64 × 53cm
S.I. 希里金购买，莫斯科
（德鲁特美术馆，巴黎）1908 年
1948 年起藏于普希金博物馆

梵高因精神疾病住进了阿尔勒医院，这是他患病后的首幅作品，画的是他敬爱的雷伊医生。此前一年，在给弟弟提奥的一封信中，梵高指出自己的作画方式和“印象派”截然不同，独树一帜：“与其精准地描绘我的所见，不如用随意的色彩强力地表达我自己。”这幅画像包括了梵高风格的所有特征：用强烈、分明的色彩描绘了医生的夹克和浓密的头发，而人物形象被清晰柔和的线条包围，从而赋予画面以形象强烈的情感表达。“在大脑后面，”画家继续写道，“与其画简陋房间中平淡无奇的墙面，不如画永恒。”这幅画中不平静的背景吸引了人们的注意力，无论从装饰的角度还是语义学的角度，该背景都是独立的。雷伊医生不喜欢该画像，认为这用潦草线条画出的人物就像一个穷困的疯子。所以，很长一段时间，他只用这幅画堵着救护车上的一个窟窿，直到 1900 年才被人们发现。

文森特·梵高

《放风的囚犯》1890

在圣雷米的精神病院，梵高度过了他苦闷人生的最后几个月。1889年5月，阿尔勒拉马丁社区的30多位居民请愿，因梵高无节制的放纵而要求遣送他。在圣保罗精神病院，经医生佩宏的照顾，梵高被安置在了独立的房间，并把那里变成自己的画室。在这里，梵高开始用油画的形式复制著名艺术家的作品，并且应他弟弟提奥的要求为书画插画。这幅《放风的囚犯》，是梵高从古斯塔夫·多雷的插画作品里取材的，而精神病院中冷静的思考让他领悟到和原作的距离。原作品为木版画，只有黑白两种颜色的明暗对比，把它译成有色语言、译成印象派风格给梵高创造了不小的困难。尽管采用了多雷的构图，但梵高还是在画面中加入了自己对阴郁的犯人队伍的悲悯，让户外活动成为一场事与愿违的消遣，变得毫无意义，从而使犯人更无生机。只有两只白色的蝴蝶飞向高处，象征着希望和纯净，但是也表达了对失去的自由的怀念。

布面油画；80×64cm
I.A. 莫罗索夫购买，莫斯科
（德鲁特美术馆，巴黎），1909年
1948年起藏于普希金博物馆

尽管印象派画家对梵高的绘画风格影响很大，但在这幅画中梵高选择的颜色让人有一种幽闭恐惧症的感觉。他使用了法国画家不常用的“感情色彩”和生动的线条，同色系颜色的使用描绘了“石头般的人”，就好像是监狱的石墙摧残了他们。

近景中的这个犯人，侧着剃过的头，面向画面外。这可能是画家想在画中表达：一段时间以来，自己的生活就像一个“被拘禁者”。几个月之后，1890 年 7 月 27 日，梵高悲痛欲绝，朝着自己胸口开枪自杀了。

高高的围墙就像中世纪的塔井，增强了彻底丧失希望的感觉。尽管高墙预示了绝对没有逃跑的可能，但是从高墙上倾泻下来的光照也代表了回忆，代表不缺乏这种不测的情况。前景中，资产阶级的冷漠，加强了个人和集体的悲剧效果。

埃德加·德加

《蓝色芭蕾舞女》约 1898

布面油画；65×65cm
S.I. 希里金收藏，莫斯科，1903 年
1948 年起藏于普希金博物馆

和雷诺阿不同，德加从未表现出强化表现形式的必要性。他是一位现实主义画家，使用精准确定的绘画方式；也是唯一一位喜欢“户外”绘画作品，却在自己画室里作画的人，根据自己的速写和对真实情景的瞬时印象完成画作。另外，他知道利用好照片比其他方式更重要，尤其是 80 年代后，新的照相设备能够定影，保证了新的画面质量。有时候，画家会利用照片透视变形或者重影，用可能发生的所有偶然情况，加强观画者突然看到画面时的心理变化。这一时期，视力的衰退让这位画家重新选择了绘画技术，增加作品的触感。彩色粉笔代替油画颜料，以橙、蓝色调为主导代替黑色，让画面颜色变得更明亮。把光照的物体绘成蓝色调，画面大胆——一只眼睛已经失明的德加受到很大的限制，其作品中的线条在慢慢消失，这也和他纯粹表现轮廓的风格相一致。一成不变的传统的视觉危机，以及感知成为最重要的绘画方法，使得德加成为无法超越的大师，而这两点也将引导 20 世纪所有的先锋艺术。

保罗·塞尚

《抽烟斗的人》1890—1892

布面油画；65×65cm
S.I. 希里金购买，莫斯科
1911 年前（伏勒尔美术馆，巴黎）
1948 年起藏于普希金博物馆

十月革命前，两位伟大的收藏家希里金和莫罗索夫，连接了俄罗斯急速发展的先锋艺术和欧洲的伟大文化。比如，皮特尔·康查洛夫斯基、阿里斯塔尔赫·连图洛夫、伊利亚·马思科夫、亚历山大·库普林和其他知识分子，从研究一位画家的作品开始，于 1910 年成立了“画作的仆人”团体，他们无视虚无主义，崇尚传统艺术，却尤其仰慕塞尚，甚至创造了俄罗斯“塞尚主义”流派。比如，塞尚的系列作品“抽烟斗的人”对 20 世纪之初的俄罗斯画派产生了鲜活的影响，他的绘画风格被解读、模仿，应用在大革命前的艺术作品中。事实上，同类主题作品中的直线线条，既影响了塞尚的“抽烟斗的人”（比如另外一幅，由伊万·莫罗索夫收藏，现存于艾尔米塔什博物馆），也影响了毕加索从“蓝色阶段”到立体主义的风格，同时还影响了乔治·布拉克和迈克·夏卡尔“咖啡桌上的男人”形象，以及未来立体主义米哈伊尔·拉里奥诺夫和卡兹米尔·马勒维克的画风。

这幅画中，没有像19世纪的艺术作品那样探究人物心理。塞尚甚至没有像在该系列其他作品中一样描绘人物的眼睛，只是把它们简单地处理成两个凹陷。这个吸烟者像一块岩石亘古不变，艺术家通过这一形象很清楚地表达了同大地、同永恒之间的联系。

画布的右侧角落，是一个女人的半身像，没有头部，虽然从塞尚其他女人像中很难确定其身份，但几乎可以肯定是艺术家的妻子。画中两个人物的关系，通过手臂的姿势体现出来，女人的右臂就好像是男人左臂在镜中的折射。

背景的细节和铺着花纹桌布的桌子，采用了空间几何的绘画方式。庞大、高深莫测的身躯像一个静物，这反映出塞尚绘画技术的革新——趋向把人物身体的形状几何化，要“通过圆柱体、球体和锥体”描绘整个世界，这种理念最终发展成野兽派和立体派。

保罗·高更

《自画像》约 1890—1894

布面油画；46×37cm
S.I. 希里金收藏，1918 年前藏于莫斯科
1948 年起藏于普希金博物馆

左侧区域的浅黄色，让人们想起画家在塔希提岛完成的多幅作品中使用的黄色背景；右侧背景中隐约可见一座红色小屋，红色的树叶从屋顶垂下来。

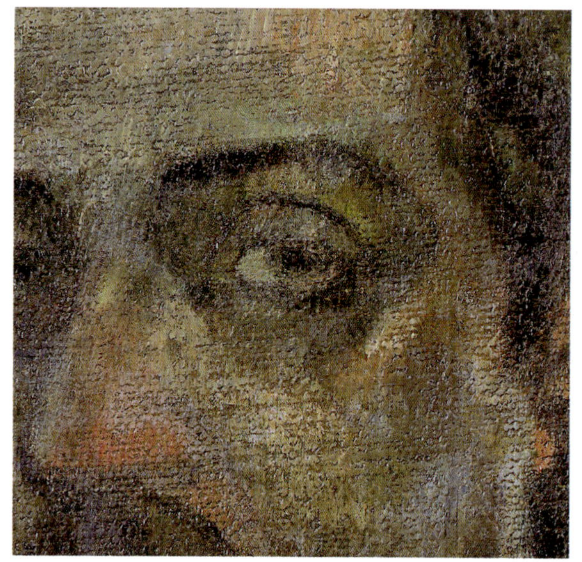

这是一幅画在类似麻布袋的粗糙帆布上的作品。很遗憾，画作选择了不适合的帆布，因此背景的一些细节很难看清，难以做整体解读，同时也无法确定其确切年份。浅色调的使用，大胆的色彩折射，尤其是作品的构成结构，让人们猜测这幅《自画像》可能是画家在生命的最后几年中完成的，而画中出现的波利尼西亚特有的景致也增强了这种猜测的可能性。画家用两个区域间明显分割的线条，体现出在作品的中心区域高更脸庞和景色轮廓上使用了一种不同的技术，该画作成为艺术家综合性表达的经典范例。艺术家认为："绿色旁边配上红色，不会产生把两种颜色混合在一起的棕红色效果，而是两种鲜明的颜色；而在红色旁边再配上铬黄色，三种颜色相互辉映，彼此强化。"这就解释了高更和纳比画派为什么偏爱纯色，他们把各种纯色分开单独使用而不是混合在一起，就是为了使加工的过程和在自然光下产生的效果一致。

保罗·高更

《怎么了，你嫉妒？》1892

布面油画；66×89cm
S.I. 希里金收藏，1918 年前藏于莫斯科
1948 年起藏于普希金博物馆

很难估计高更对俄国革命前的现代绘画艺术、前卫艺术、原始主义和新象征主义的影响到底有多大。他举世无双的 29 幅作品（评论家把它们摆放在靠近圣像壁的地方），装点了希里金宅邸的餐厅。从艺术家描绘女性高贵气质的综合方法、不同凡响的自然景色以及纯净的背景环境等几个方面，年轻的俄罗斯艺术家们开始研究高更这 29 幅作品，从中寻求作画方式和灵感。这幅裸体画“是按记忆完成的”，高更把它定义为属于自己在塔希提岛初期阶段的风格。画中描绘了一段逸事，他曾在自己的书《诺亚诺亚》里写道：两个姐妹在海滩上谈论着爱情，她们相信古老的秘密和未来的计划，但是什么东西引起了她们的不和：“怎么了，你嫉妒？”在这幅画中，高更还通过对人物的二维处理体现了画面激烈、明显的原始性特征：两个主角靠近，却不在同一空间中，这种安排超越了画面中的层次分布。

保罗·塞尚

《桃和梨》1890—1894

布面油画；61×90cm
I.A. 莫罗索夫购买，莫斯科
（沃拉尔美术馆，巴黎），1912 年
1948 年起藏于普希金博物馆

这一大系列静物画，主要还是遵循了 17 世纪的绘画规范。艺术家总是选择相同的物品但是用不同的颜色描绘，具有所谓的塞尚“建设性时期”的特点。在这一时期，塞尚把事物简单化，最终形成了物体原始的纯粹形象，也就是展现人们所看到的世界，采取与“表现事物半象征性”绘画观点相反的立场。而该立场引起了透视变形的革命：这些画由不同的元素构成，看似简单，但画家从不同的视角通过透视扫描画出几乎所有的元素；有时焦点只是稍作变化，但实际上这样的细微转移足以推翻现行透视法的基本原则。“透视真的能够描绘出物体的自然属性，无论什么情况下都是表现艺术真实性的必要的前提条件吗？或者透视只是一种公式，并不符合对世界的感知，只是一种对世界的可能的解释，而这种解释和观察、理解生命所采用的具体方法有何关联？”1919 年内战席卷俄国，帕维尔·弗洛伦斯基根据“反透视理论”提出了上面的疑问，而他也成为后来苏联政治镇压中最耀眼的人物之一。

画面中还有另外一个物体，可能是一张三条腿桌子的正面图。它的存在，给人一种和塞尚所画其他静物格格不入的感觉。

艺术家采用了中立的动力平衡立场，从桌子高处向低处望，所有的物体，也就是环境本身，看起来好像向下滑。在这幅画中，如果从传统的透视概念出发，很难理解作品的构图。

在最稳定的中心位置上，塞尚画了几个不同的静物。奶壶和糖罐被放在左侧，桌布的褶皱在构图上表现出了活力：沿着墙根黑色的踢脚线移动，而黑色的踢脚线从左侧的中间部分一直延伸到画面右上方的角落里，淡出人们的视线。

克劳德·莫奈

《黄昏下的鲁昂大教堂》1894

布面油画；100×65cm
S.I. 希里金购买，莫斯科
（杜兰德－鲁埃尔美术馆，巴黎），1902 年
1948 年起藏于普希金博物馆

1892年2—4月和 1893 年，莫奈完成了他著名的哥特式建筑系列画作。他坚持不懈地努力着，以期抓住准确的光线情况，直到后来在一天中就能完成 14 幅作品。

1904 年马赛尔·普鲁斯特说："当你们第一次看到大教堂西侧的样子，在晨雾中呈现出蓝色，美极了。下午在阳光的照耀下金灿灿的，而黄昏来临前教堂又被晕染成了鲜艳的红色，无论何时教堂的钟声都回响在空中。克劳德·莫奈画了关于教堂的顶级作品，在这些作品中展现了人们创造的生活，而自然就沉浸于生活中。教堂的生命如同地球一样，几个世纪来不断公转，每天又进行着自转。自然变化了，色彩也跟着变化，要把教堂从易变的色彩中解放出来。站在教堂面前，她会留给你们复杂但深刻的印象。"在教堂西侧对面二楼的工作室中，莫奈耐心地记录着一天中不同时间里光和影的变化：同时在不同的画布上作画，从日出到日落，随着光线条件的变化从一个画布到另一个画布，然后第二天再重复作画。太阳光的照射条件不同，复杂的哥特式建筑也总是呈现出不同的状态。

纸板蛋彩画；51×83cm
S.A. 谢尔巴托夫收藏，1918 年以前藏于莫斯科
1948 年起藏于普希金博物馆

爱德华・维亚尔

《公园中》1895—1898

这幅小画中，阳光明媚的区域和树木庇荫的区域之间的反差，通过柔和的不透明颜色体现出来。美丽的花园中间是一个大花坛，两个主人公的姿态好像是一张快速成像的照片。维亚尔经常给他的绘画对象拍照。

1889 年，在纳比画派——应该是一种新艺术的“前奏”——的创始人中，维亚尔仍然从根本上和印象派保持着联系：绘画风格浓烈且分成不同阶段，偏爱描绘周围环境和平民的生活场景。相比公园、风景、大空间等外部环境，维亚尔更喜欢描绘在家中或者私人花园中的人们。这幅画就是一个例子，看似简单，只是一天中一个平凡的场景。但在这个场景里，艺术家知道如何传递出深厚的情感，体现那隐藏在画家眼中某一时刻的文明家庭的关系。维亚尔的艺术生涯雄心勃勃，其最著名的作品可追溯到纳比画派时期，受高更和日本艺术风格的影响，他在这些作品中力求精美的造型、简化的风格以及大面积的色彩。晚期时，勃纳尔以及纳比派的同人到地中海为新的创作寻求活力，与这些人不同，维亚尔一直扎根在巴黎，始终从他的周围环境、从人们的生活中汲取灵感。维亚尔在技术上也是一位革新者，尝试使用新的胶画法，把粉状燃料溶解在热胶中。他广泛地使用这种方法，特别是在画大尺寸装饰性作品时。

保罗·高更

《国王的女人》1896

布面油画；97×130cm

S.I. 希里金收藏，莫斯科

1948 年起藏于普希金博物馆

第一次居住于塔希提时，高更在他的作品中避免使用纪实手法，避免信息估量，力求探索异国风情。第二次也是最后一次在塔希提时，他也清晰地采用了这样的绘画思路。高更通过综合的风格，用塑造形象和表达寓意的方式把这种“原始”语言翻译成欧式表达，通过这种想象力形成了根本的创作观念。高更在一封信中用一幅水彩素描向丹尼尔·德·孟弗雷——高更最后一次去塔希提时与巴黎那些朋友中仍保持联系的唯一一个——描绘这幅作品时说：“我刚完成一幅画，我认为它是我最好的作品：一位裸体的皇后，舒展地倚在绿色草垫上……这幅苍白的草图只是给出了一个模糊的概念。我确信，我从未画过这样一幅画，颜色、格调如此崇高，庄严肃穆。”斯特林堡称其为“造世主嫉妒的泰坦”，超越了写实，重新创造了富于想象力和无拘无束的大自然。尽管使用的绘画语言不同，但作品体现出的语义学意义可以和象征主义相媲美。

画面中央，画家运用《圣经》中原始、自然的概念，描绘了盘绕大树蜿蜒前行的蛇，体现出这幅作品的混合主义风格。尽管存在过分解读，但原始性和象征寓意是高更波利尼西亚绘画作品的特点。

美丽的周遭环境、纯净的色彩、成熟的高更笔下骄傲神圣的妇女形象，这些都和中世纪艺术，尤其是古老的俄罗斯肖像艺术相似。这就促成了高更同俄罗斯年轻艺术家，如纳塔蒂亚·冈察洛娃的对话。尽管那些年前卫艺术公开引用拜占庭式的风格，但这些年轻艺术家也在寻求新的动力。

在塔希提裸体卧姿画像中，这是第一幅高更公开表示是他的“物神”作品的画。其他此类作品还包括：婆罗浮屠庙宇的修饰画，阿娃德纳斯和杰塔卡斯的故事，卢卡斯·克拉纳赫的《休息中的狄安娜》,1890 年模仿莫奈的《奥林匹娅》。尽管奥林匹娅和年轻的塔希提女孩姿态相同，但在后一幅作品中高更描绘的是一个不易亲近的夏娃形象，她的天真让她与已经迫近的原罪依然相距遥远。

保罗·高更

《不工作！》1896

布面油画；65 × 75cm
1918年前，S.I. 希里金收藏，莫斯科
1948年起藏于普希金博物馆

高更的风格特点非常突出：大面积用色且色彩犀利，经常用深色的背景勾边，映衬出艳丽的颜色。象征派画家爱德华·杜亚丹曾把这样的方法同古老的彩色玻璃窗和珐琅彩进行比较，创造出新的词汇“分割主义”。

令人难以置信的是，高更能够从生命的悲剧中走出来，继而完成如此神圣的创作。泰然自若的平静表情、雕塑般岿然不动的完美轮廓、光亮的背景，所有这些都展现了旺盛的生命力，体现了拜占庭圣像卓尔不群的美丽。1896年对高更来说是尤其艰苦的一年，高更在给丹尼尔·德·孟弗雷的信中绝望地写道：“从我到这儿的第一天起，身体每况愈下……我有两个伤口无法愈合……我借了500法郎，还要再吃几个月的药……”但不可思议的是，与此同时这位艺术家仍然在创作伟大的作品，比如这幅画。它也属于高更“塔希提”系列作品中的一幅。在简陋、没有装饰的小木屋中，一个青年男子抽着卷烟，左手放在坐于他后面的女孩的腿上；男子身旁安静地卧着一只蜷缩着的猫，这只猫在高更不同的作品中反复出现。为了描绘周遭环境和体现洒进屋中的金色阳光，屋门敞开，而门外的景色在高更该系列作品中也经常出现：阳光勾画出男子的轮廓，被具化的男子在女子的映衬下被烘托出来，女子棕色的皮肤则被蓝色嵌黄的衣服映衬着。

布面油画；64×79cm
I.A. 莫罗索夫购买，莫斯科
（沃拉尔美术馆，巴黎），1911 年
1948 年起藏于普希金博物馆

保罗・塞尚

《池塘上的桥》约 1898

画中风景色彩流动，笔触成几何状，时而垂直，时而水平，时而倾斜，使不同元素间形成拐角。从这幅画中我们可以感受到，仅仅十年后，立体主义和抽象派就从塞尚那里吸收了他的绘画理念和原则。

光、影、色完全融在一起，被看作塞尚“综合”阶段画作的特征。重拾早年的主题绘制类作品（静物、圣维多利亚山、湖景江景、裸体人），让塞尚能够通过绘画寻求宇宙象征的核心解读方法，塞尚自己说绘画是对他的一种救赎。在这次绘画创作的革新中，艺术家表示要通过和明暗对比方法相反的用色进行“调整”，“塑造”出物体的形象。这是建立在哲学层面而非技术层面上的，鲜明的、非自然的、人工（“塑造”）的形象，通过一种表达方式（“调整”）去除象征含义，让人有一种同自然的创作过程相似的感觉。画家通过有细微差别的不同的绿色，表现出作品中不同元素的色彩关系，浓密的植物映在水中，塞尚把它们表现得很细腻，几乎是瞬息万变。这也证明了他对两种风景尤为感兴趣：树和水。塞尚对水的兴趣更浓厚。对于印象派来说，水象征宇宙的不确定性，这幅画中水好像是一种严格的结构，是一面镜子，映照出透明的倒影。

卡米耶·毕沙罗

《歌剧院大街，清晨雪景》1898

布面油画；65×82cm
1918 年前由 S.I. 希里金收藏，莫斯科
1948 年起藏于普希金博物馆

从 1893 年起，巴黎的林荫大道和广场成为热闹、喧嚣生活的同义词。毕沙罗从高处俯瞰，再现林荫大道和广场的特点。他从宾馆房间中观察都市风情，记录下每天不同时间大气和光线条件的变化，持续整整一个星期。奥斯曼规划的街道上交通拥挤，道路两侧是宏伟的灰色建筑群，这些都被毕沙罗记录在他的画布上，就连小广场、缓慢行进的人流和马车也成为艺术家的“印象”主体。这些城市景观，显然由以平面色彩、大空间为主的日本木版画中获得灵感，此外也反映出毕沙罗对城市、路面、灰泥墙和银灰色格调的天空情有独钟。下雪、下雨或者晴天，不同的气象条件（艺术家会在作品的题目中体现出来）就像滤光镜，通过这个滤光镜艺术家形成了个人印象主义，并一直奉行这一原则。但这种原则有时会同严格的执行过程以及过细的加工相矛盾。

让-弗朗索瓦·拉法埃利

《圣米歇尔大道》1898

布面油画；64×77cm

1918 年前 S.I. 希里金收藏，莫斯科

1948 年起藏于普希金博物馆

和印象派相关的艺术家中，让-弗朗索瓦·拉法埃利是一位特殊的人物。他备受众人赞赏，1880 年 33 岁时已经是独立沙龙中颇具影响力的人物，该沙龙中的艺术家还包括德加、莫奈、毕沙罗和雷诺阿。拉法埃利很早就开始把自己的注意力转向版画艺术和图书插图，他是那个时代最伟大的代表人物之一。随着时间的推移，拉法埃利开始专注于风景画，除了巴黎风景，他还关注那些未在社会平等进程中实现高度城市化的郊区和居民区，这些都为艺术家敏锐的观察力提供了自然的灵感源泉。拉法埃利的绘画体现了当时的主流风格，但有自己的独立特点，尤其是画家使用的色谱。如在这幅表现巴黎最著名林荫大道的作品中，色彩的使用和印象派的标准相矛盾，但是和印象派的风格相似，即采用小笔法表现黄昏中生机勃勃的人群，或许还刚刚下过雨，而艺术家通过自己的笔调表现出了这种雨后的感觉。雷蒙德·查米特解释艺术家的革新说："为了节省色彩，拉法埃利的作品最终几乎成为黑白单色调，尤其在绘制巴黎风景时，艺术家用这样的色调捕捉了巴黎生动的风景。"

克劳德·莫奈

《睡莲，纯净的和谐》1899

布面油画；89×93cm
1918 年前 S.I. 希里金收藏，莫斯科
1948 年起藏于普希金博物馆

1883 年，莫奈搬到了诺曼底边界的吉维尼，直到 1926 年在家中逝世。那里的环境在艺术家笔下逐渐变得传神，成就了他最后的伟大绘画的题材：睡莲。在这一阶段，莫奈放弃描绘环境的轮廓，放弃了任何一种塑造完美轮廓的绘画方式——这些方式在当时已经不合时宜。从 1892 年起十年间，艺术家不断革新，直到最后只以花为题材。1899 年到 1900 年为第一阶段，此时小桥出现在莫奈的睡莲题材中。另外，艺术家也会从些微不同的角度一次次表现同一个风景。该作品就属于这一阶段。画中，莲花漂浮在看不清界限的水面上，只有通过柳树、杨树和藤萝的倒影才能辨别出界限，所有这一切在光线下非常和谐。莫奈最后登峰造极的造诣是对光和水的描绘，这两者是透明的，呈散射状态，介于可感知与不可感知之间，很难抓住它们真实的状态，而画家只用自己调色板上半透明的颜色就做到了。

在这里，莫奈彻底放弃了变化色斑的颜色，反对最大程度地集中体现光、气象和空气状态。观画者用自己的眼睛重构支离破碎的笔痕，重新组合表面上散射开来的颜色，人们只能通过这些颜色辨清事物。

这幅作品最成功的地方之一在于它的简单：莲花池像一个羊肠小道，与此类主题中的其他作品不同，自然风光在这里没有形成界定画布边线的因素，而画家只是通过技巧——桥——把人们的目光集中在湖面上。

艺术家这样概括自己的创作："我只是善于直接面对大自然作画，试着展现转瞬即逝的印象。"波动起伏的树叶和莲花如繁星点点，通过严格的几何形状相互比照，并和环境交相辉映，最后构成画家所称的"山水倒影"。

克劳德·莫奈

《维特伊的风光》1901

布面油画；90×92cm
S.I. 希里金购买，莫斯科
（杜兰德－鲁埃尔美术馆，巴黎），1904 年
1948 年起藏于普希金博物馆

伴随着光亮鲜明的“画布色彩”的产生，莫奈笔下客观的风景形态一步步消失，在这种情况下画家对描绘对象的选择取决于留给他的纷繁的“印象”。从 1878 年起，每隔一段时间，莫奈就为坐落在塞纳河边上的维特伊小城画些画。从那时起，莫奈越来越多地把注意力转移到水上。自然界中的水闪闪发光、瞬息万变，伟大的艺术家在作品中表达这类主题，并在其“吉维尼花园”系列作品中达到顶峰。莫奈远远地从河对岸观察维特伊小镇，建筑物整体上看起来是一样的。和印象派初期阶段不同，他把绘画手法处理得更加朴素：完全没有轮廓线条，色点间没有生硬的衬比，淡淡的雾气缭绕着河水和建筑物。作品由众多逗点式笔触构成，就像一块哥白林挂毯。

画家以写实主义描绘了建筑、船、倒影和风景。在画中，莫奈用短而密实的笔触描绘了彩色的倒影，从而表现出小镇的气氛。

布面油画；73×60cm
I.A. 莫罗索夫购买，莫斯科
（沃拉尔美术馆，巴黎），1908 年
1948 年起藏于普希金博物馆

巴勃罗·毕加索

《小丑和他的女朋友》（两个街头艺人）1901

在毕加索的艺术生涯里，假面喜剧中的面具和马戏表演人物陪伴了他很长时间，他致力于表现这些事物，而这些事物也在无声无息中影响了他的风格。从 1901 年中期起，蓝色开始成为这位画家作品的主色调，增强了画面的忧郁感。受到德加笔下的人物和图卢兹·罗特列克构图的影响，毕加索描绘了令人难以忘怀的街头艺人，赋予了他们生命。尽管乔装打扮，但相似的表情引人思考街头艺人根本的生存尊严。两个角色的姿势体现了他们之间毫不相关的气氛，而艺术家通过清晰的线条体现出这种气氛：沉浸在自己的思索中的小丑，化着油彩妆，面无表情；他的女伴同样沉思着，把孤独的目光瞥向画外。背景平庸，以蓝着色，制造了孤独的气氛，在这样的气氛中，人们继续毫无意识地在痛苦的人类戏剧中扮演着角色。

画家通过静物增加了两个街头艺人身体上和心理上的距离。画中的静物独立于其他构图之外，两个酒杯强调了不相干的含义。

巴勃罗·毕加索

《詹姆·萨瓦特斯画像》1901

布面油画；82 × 66cm
S.I. 希里金购买，莫斯科
（坎威勒美术馆，巴黎），约 1910 年
1948 年起藏于普希金博物馆

在巴塞罗那，18 岁的毕加索已经成为文化精英中的一分子，周旋于以“四只猫餐厅”为主的城市晚宴中。毕加索的小团队中，包括詹姆·萨瓦特斯、卡洛斯·卡萨吉玛斯、莫里斯·郁特里罗，他们致力于创作，在新世纪推动了技术的革新，受埃尔·格列柯和蒙克的影响，以使用大笔触为特点，把人物描绘得越来越长。萨瓦特斯到访巴黎后，观察毕加索新的工作过程，与“西班牙”作品相比，风格的变化让萨瓦特斯非常吃惊。萨瓦特斯坐在咖啡桌前，毕加索观察这一场景后，多次描绘过萨瓦特斯的画像。此时，萨瓦特斯已经成为一位成功的伟大的艺术传记作家。在画中，毕加索描绘了他不自然的脸庞，表情专注但精神恍惚，表现了萨瓦特斯的不安和孤独，“展现了我生命中转瞬即逝的一刻”。蓝色的背景占去了整个画布的四分之三，像一面“蓝镜子”，从外界看代表着无止境的孤独。

克劳德·莫奈

《海鸥，泰晤士河，议会大楼》1904

布面油画；89 × 92cm
S.I. 希里金购买，莫斯科
（杜兰德－鲁埃尔美术馆，巴黎），1904 年
1948 年起藏于普希金博物馆

通过鲁昂大教堂、杨树、稻田、睡莲等题材，莫奈发展了绘画技艺，使其伦敦、威尼斯风景系列的经典作品变得更加抽象。1899 年到 1901 年，莫奈在伦敦住了三个冬天。从萨沃伊宾馆的房间中，这位画家可以欣赏到绝美的景色：泰晤士河、滑铁卢的桥、查令十字街、议会大楼。以这些风景为题，莫奈创作了 100 多幅作品。他先在现场迅速画出草图，以捕捉转瞬即逝的大气变化，再于吉维尼工作室中补充完成。1904 年在巴黎杜兰德 - 鲁埃尔美术馆的展览中，他展出了 37 幅伦敦风景画，得到了评论家的赞赏，认为画中雾的效果受到了透纳的影响。大雾总是笼罩着英国的首都伦敦，很适合创造气象效果，而莫奈像拍电影的过程一样从未停止捕捉这些效果，在他的画作中把它们变成一种“胶片”，定格大气的变化——虽然最开始创作这一系列画作时，他只是出于一种纯粹的印象主义尝试，想要体现气候和光的变化。莫奈这个时期主要关心的是如何表达泛神论，而这种泛神论也在世纪之交逐渐成熟。

“我笔下的伦敦是不是真实的，这和任何人无关，也不重要。我认识的很多画家都从现实出发，但是画出的作品很糟糕……结果才是一切。”莫奈在杜兰德－鲁埃尔艺术市场如是说。

布面油画；61×49cm
I.A. 莫罗索夫购买
（秋季沙龙，巴黎），1906 年
1948 年起藏于普希金博物馆

亨利·夏尔·芒更

《洗海浴的女人》1906

亨利·夏尔·芒更，巴黎人，毕业于法国国立高等美术学院，和马尔凯、马蒂斯是同学。芒更很早就开启了在巴黎的艺术生涯。人们把他归为野兽派，因为他的一幅作品曾在著名的 1905 年秋季沙龙上展出，此前一年芒更加入该沙龙。同样在 1905 年，普罗旺斯和圣托佩斯走入人们的视线，成为芒更那个时期钟爱的绘画题材，尽管他不断游历以寻求新的风景。芒更最喜欢的是风景画和静物画，而在这些作品中总有花。1906 年芒更开始转向“洗海浴的女人”题材，这幅画就属于其中的一幅。芒更画出了女人私密的时刻，笔法优雅地通过姿态颂扬了女性特征。画中的女人好像沐浴后刚刚出水，半条腿还在海中，但已经开始用一块雪白的布擦头发。从大海中，可以看出艺术家对光线和色彩绘画技术的不断探究。体型和轮廓，反射光和不透光性，光和影，这些都通过画家浓密、明亮的颜色体现出来。1921 年，克林塞尔（又名莱昂·莱克勒）在《绘画》一书中写道：“橙色爆炸开来，红色鲜艳奢华……连阴影都表现出轻盈和欢乐的感觉……”

画家用短小而密集的横向笔法把纯色碎片化，在晃动的水中突出阳光照射下的人物形象，同时用粗大的纵向笔法大面积着色，表现出人物的立体感。

阿尔贝·马尔凯

《巴黎的太阳，卢浮宫》1905

布面油画；65×82cm
I.A. 莫罗索夫购买，莫斯科
（德鲁特美术馆，巴黎），1913 年
1948 年起藏于普希金博物馆

1898 年浪漫主义画派欧仁·德拉克罗瓦的继承者、颓废派艺术家居斯塔夫·莫罗逝世后，23 岁的马尔凯远离了法国国立高等艺术学院，开始在卢浮宫工作，同时也根据老艺术家莫罗宣扬的经验，坚持在“户外”作画。1901 年马尔凯参加独立艺术家沙龙和秋季沙龙，1905 年又在非自愿的情况下和马蒂斯、德朗、弗拉曼克、芒更、鲁奥加入野兽派。野兽派作品色彩强烈，有冲击力，评论家据此把他们称为“野兽”。但是马尔凯的绘画风格和野兽派有所不同，他在用色上惯用灰色，“速写”敏捷。与他关系密切的马蒂斯评价说，马尔凯速写速度之快、之熟练可以和日本艺术家葛饰北斋媲美。1905—1907 年，马尔凯在巴黎完成了一系列城市风景画，并在秋季沙龙展出，效果很好。马尔凯的风景画用色大胆、强烈，刚劲的纯色调把画面展现得活灵活现，尤其是大海、江河、港口等，都是马尔凯理想的表现对象。1910 年前后，马尔凯形成了个人的绘画风格，体现出他卓越的创作能力。

巴勃罗·毕加索

《西班牙女郎莫卡》1905

布面油画；67×51cm
1918 年前 S.I. 希里金收藏，莫斯科
1948 年起藏于普希金博物馆

这幅作品表现了少女莫卡的孤独。这是一幅草图，但像一件艺术作品般庄重。尽管大众常认为画中人物表现了节日气氛和色彩特征，但毕加索似乎尤其抓住了主人公忧郁、劳累的状态，目光出神、慌乱、缺乏情感，让人意识到她在马戏团工作的辛苦。这幅作品，和毕加索“蓝色时期”著名的“街头艺人和杂耍演员”系列画作有同工之妙。这个女人的身体轻盈、瘦弱，纤细的手指轻轻地摸着肩，面纱从古怪的帽子上垂下来，几乎把她的面部包裹起来，体现了标准的优雅。24 岁的毕加索已经对线条、构图及色彩关系驾轻就熟了。作品使用了当时典型的混合技术，很大程度上以经济实惠的绘画材料加强了这种技术的发展，但是最终却引发了节制地使用油画颜料这一结果。

巴勃罗·毕加索

《杂技演员和年轻的平衡技术表演者》1905

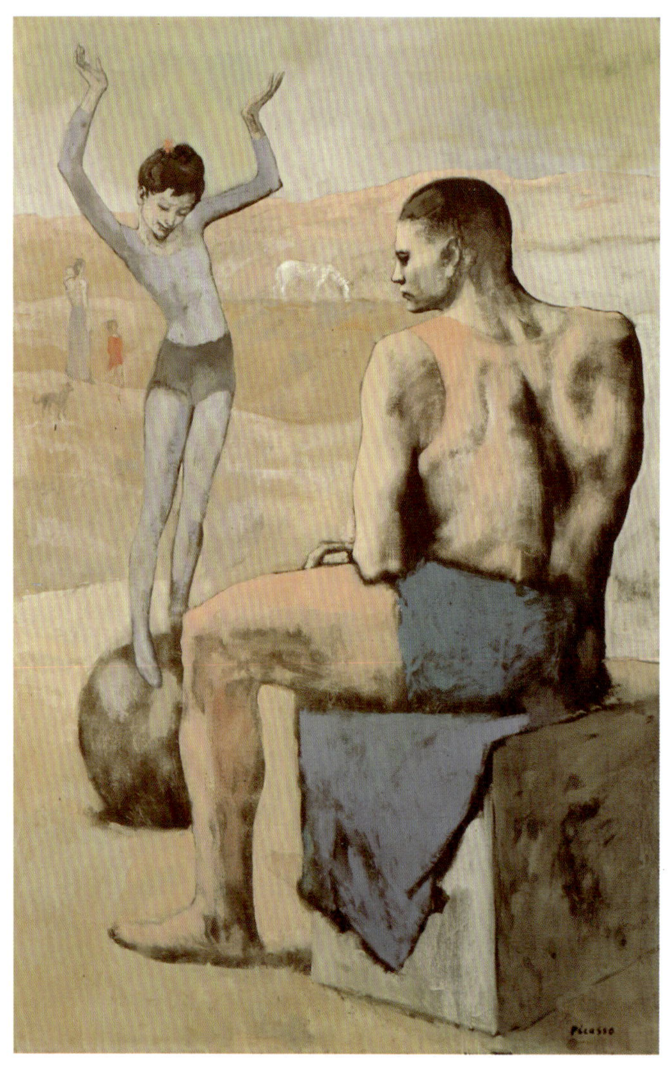

布面油画；67×51cm
I.A. 莫罗索夫购买，莫斯科
（坎威勒美术馆，巴黎），1913 年
1948 年起藏于普希金博物馆

1905 年，诗人纪尧姆·阿波利奈尔说："年轻的女孩们在平衡球上保持平衡，表演着喜气洋洋的运动。"根据这一题材，毕加索完成了一系列原创性作品，A. 巴里从表现内容上把这段时间定义为艺术家的"马戏团时期"。毕加索经常在巴黎马德拉诺马戏团观看街头艺人和杂技演员的表演，这些人所处的世界成为身体与心理痛苦的代名词，他们很难沟通、与世隔离。毕加索的朋友、传记作家、收藏家格特鲁德·斯泰因回忆说，那时的艺术家们尤其被马戏团的世界吸引。这个时期的毕加索用年轻、积极的人物代替了从前的老人、盲人和垂死的病人，不再局限于只表达痛苦的孤独，而是表现了这些人生命中的伴侣。这一系列，也同毕加索与费尔南德·奥利弗结合，找到新的幸福爱情有关。1904 年毕加索遇到了费尔南德和玛德琳，后者也是毕加索爱慕的另一位对象。在这幅画中，年轻的男子背对着人们，他的女伴不再是一个苍白、面黄肌瘦、痛苦不堪的人——这些正是毕加索早年作品中人物的特征——在现在的作品中，毕加索表现的是强壮健康的身体、运动和活力。

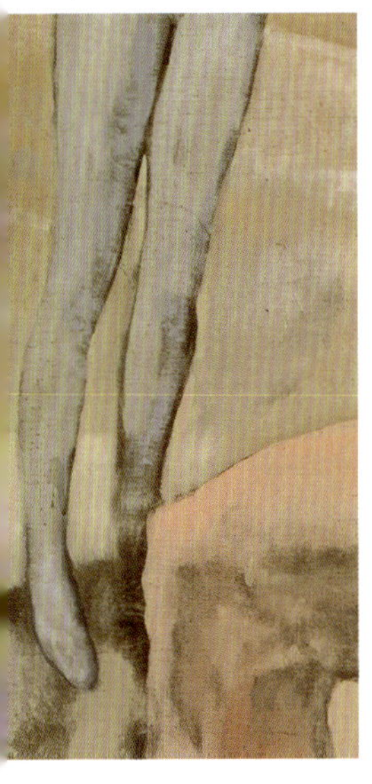

艺术家通过高明的平衡色彩的方法——在忧郁的蓝色旁边加入暖的粉红色——让画面达到了几乎和壁画一样的不透光性。1905年起，毕加索开始在画布上使用不同的粉红色。他总在自己艺术生涯的各个阶段做着不同的尝试和融合。

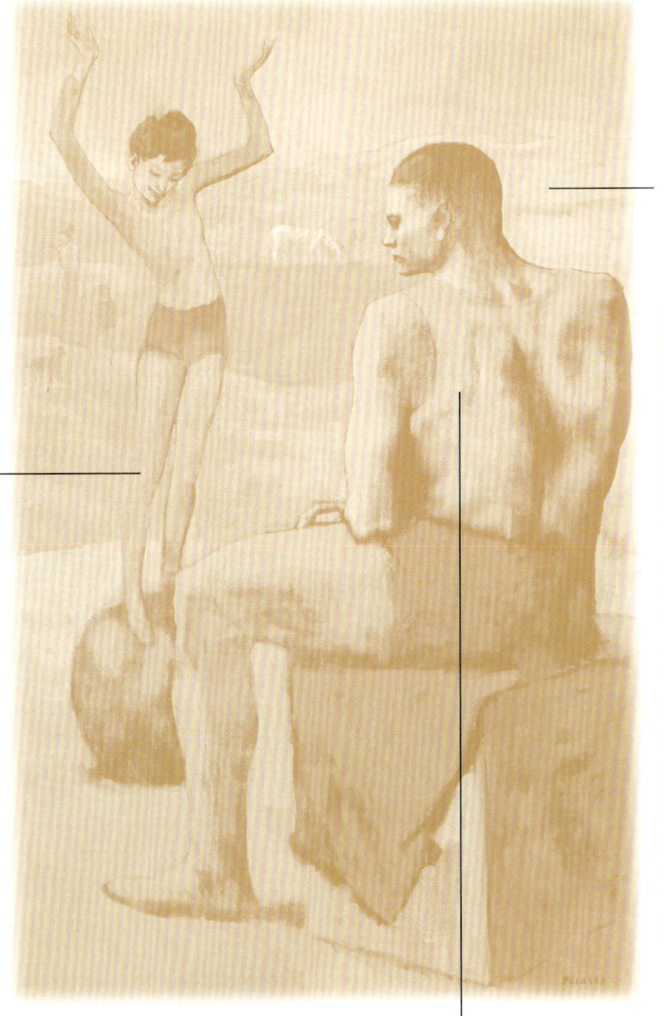

除了马戏团的表演者，艺术家在画中还描绘了天气状况及周围风景，它们看起来好像在移动。尽管风景效果不立体、内容平庸、不具参考价值，但是能从中看出毕加索欣赏印象派作品，并受到其影响。

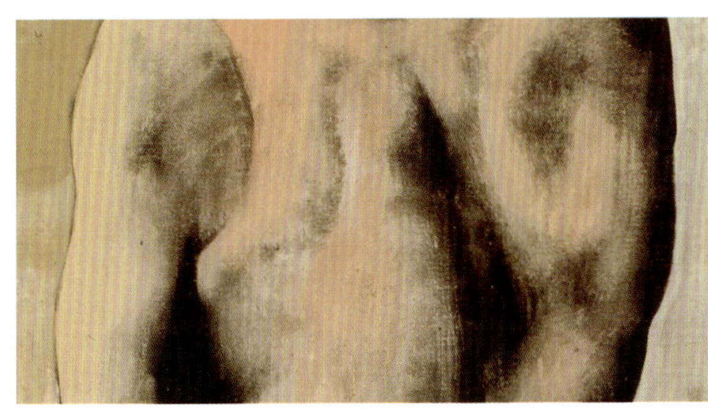

毕加索对古典雕塑的悉心研究让人物看起来厚重、结实，从而引发人们回归到对人体的学术讨论上，清晰的轮廓、宽阔的肩膀表现出了杂技演员的伟岸，而在一些细节上的综合处理让人们联想到了塞尚。

保罗·塞尚

《圣维克多山》约 1906

布面油画；60×73cm
1918 年前 S.I. 希里金收藏，莫斯科
1948 年起藏于普希金博物馆

作品《圣维克多山》体现了塞尚对绘画的着魔。据说，他的眼睛因为常年盯着那些灰白色的峭壁，已经布满了血丝。他绘制出至少 50 幅作品和草图，把自己的诀窍——用神秘的几何图形塑造事物的形象——留在画布上。这幅动人的巨作完成于画家离世的那一年，他用暗色调、几乎成方形的笔法进行创作。和其他同题材作品相比，这种颜色表现出了不安；而方形的笔法，很明显地预示了立体派的到来。安德烈·马松的话足以体现出这幅画的重要作用："能量的聚合让作品爆发开来，这绝对是未来艺术的体现！"在这一极端的创作中，塞尚切断了同本体论根基的联系，再一次打破视觉静态，永远地把主体和客体以及各个客体间放在对立面上，不再遵守视觉上的需求，山和天空尽管是不同的物质，但已在颜色上融为一体。整个风景被解构、颤抖着，艺术家生动地展现了水晶般闪闪发光的景色。

阿尔贝·马尔凯

《波本码头，冬季里的巴黎》1907

布面油画；65×81cm
I.A. 莫罗索夫购买，莫斯科
（德鲁特美术馆，巴黎），1907 年
1948 年起藏于普希金博物馆

马尔凯和马蒂斯的关系密切，两个人共享着丰富的生活和旅行经验，比如两人共同游历过摩洛哥。而马尔凯一人还游历过法国、意大利、德国、阿尔及利亚、埃及和俄罗斯。从这些经验中，马尔凯挖掘了数量众多、连绵不绝的机会。马尔凯和马蒂斯还在圣米歇尔码头 19 号共同住过一段时间，从窗户向东看是塞纳河和圣母大教堂，向西看远处是卢浮宫，这些风景成为二人共同的灵感源泉，但对他们产生的效果却不尽相同。塞纳河巴黎码头的全景图、雾气蒙蒙的氛围、时常被白雪素裹的巴黎冬天……在这幅画中，马尔凯展示了自己不常用的在构图和透视方面的精湛技术。这是冬季里一个寒冷的早晨，船只停泊在闪闪发亮的塞纳河现代广场码头——这一建筑是由奥斯曼设计完成，建筑在塞纳河上用来驳船的。马尔凯用白色和灰色淡化作品的色调，体现出水晶般的大气效果，打造了特殊的视觉感受。马尔凯的野兽主义，更注重运动感，而不是颜色的艳丽。

路易·瓦尔塔特

《昂特奥尔的大海》1907

布面油画；82×100cm

I.A. 莫罗索夫购买，莫斯科，1907 年

1948 年起藏于普希金博物馆

昂特奥尔海湾是路易·瓦尔塔特最钟爱的地方之一，他经常在那里度假，寻找灵感。作为时代之子，瓦尔塔特经历了一个艰辛的过程，也受到来自巴黎的浓烈艺术气氛的熏陶。短期内他受到了前辈高更的影响，而艺术革命让他第一次接触到纳比派，这一特点在他 1896 年的画作中已经有所体现，之后他又受到西涅克和新印象派的影响。但他对色彩和光线的研究，又引领了野兽派艺术的诞生。地中海的发现让瓦尔塔特开始以此为主题作画，从沙滩上玩耍的孩子到印象派青睐的自然题材，如海、犬牙交错的峭壁、扭曲的树木等。艺术家把瞬息万变的光留在了画布上，在冷暖色调的交替中彰显奔放的色彩，而描绘的形象好像也在色彩中迸出了激情。

毫无疑问，瓦尔塔特是注意用颜色进行“设计”的少数艺术家中的一人，以纯色绘制草稿发展了阿拉伯风格，而他对颜色过度的把握很快就引起了野兽派的关注。

布面油画；92×73cm
S.I. 希里金购买，莫斯科
（坎威勒美术馆，巴黎），1910 年
1948 年起藏于普希金博物馆

乔治 · 布拉克

《拉罗舍居伊翁城堡》1909

拉罗舍居伊翁城堡身处巨峰之上，位于塞纳湖蒙帕纳斯附近的同名小镇上。1909 年夏天乔治 · 布拉克住在小镇上，年轻的画家在那里寻找到一系列机会，形成了自己的立体派画风第一阶段。他描绘了城堡的八处风景，其中有五处知名。他坐在城堡旁的一块岩石上作画，钻石形状的塔和建筑物构成的景致好像被集中在一个舞台上，被画面右上方一棵光秃秃的树和左上方满是树叶的枝丫限定住了。布拉克的笔法小而密，透视歪曲变形，建筑物看起来好像是由走形、破碎的墙面和屋顶偶然拼凑在一起的。在布拉克绘制的风景中，拉罗舍居伊翁系列作品被称为“风景肖像画”，和毕加索的几幅费尔南 · 奥利维尔人像很接近，也能让人想到毕加索的《花园中的房子》（1908 年），该画也存于普希金博物馆中。

房屋和房顶成碎片状，建立在周遭环境下，这样的构图证明了布拉克对探究空间组合的偏爱。和毕加索不同，布拉克尤其对体积的几何定义感兴趣。

莫里斯·丹尼斯

《绿色海岸，佩罗斯 – 吉雷克》1909

布面油画；97×180cm
I.A. 莫罗索夫（从艺术家手中）购买
莫斯科，1910 年
1948 年起藏于普希金博物馆

每个女性角色的轮廓都很清晰，像一具具纹丝不动的雕塑。这些传统的造型，可以让人们感受到丹尼斯对意大利生活的怀念。

莫里斯·丹尼斯和布雷特格纳的密切关系可以追溯到布雷特格纳的童年时代。就在佩罗斯 - 吉雷克，艺术家在日记中记述了他同家人在一个男孩家度过假期的事情：丹尼斯和年轻的妻子马尔斯在佩罗斯 - 吉雷克度蜜月，他在那里体验了一段长时间的休闲时光。在纳比派的狂热支持者中，包括 1889 年的创建者们，丹尼斯属于走在前沿的知识分子代表，他既是通讯员也是绘画理论家。在《定义新传统主义》（1890）一书中，丹尼斯强调“一幅画，在成为一个裸女、一件逸事或者一名骑兵之前，实质上都是一个附着按顺序排列的颜色的平面”。作为高更创新技艺的支持者，丹尼斯强调线条、颜色、形态的重要性，试图实现单纯的表达形式。几十年里，佩罗斯 - 吉雷克大概是丹尼斯最常描绘的主题之一。在这个巨幅画中，人们可以看到丹尼斯把高更风格同以纳比派为基础的根本绘画元素融合在一起：地平线处于高位，把天空限制在了一条狭长的空间带中，悬于抽象的大海之上；深挖各元素的排列，通过引入日本美学元素增强了排列的装饰感；黑色加强了大面积填色的效果，使淡色调与亮色调间形成反差。

布面油画；92×73cm
S.I. 希里金购买，莫斯科
（坎威勒美术馆，巴黎），1913 年
1948 年起藏于普希金博物馆

巴勃罗·毕加索

《伊莎贝拉皇后》1909

1909 年是立体主义最重要的一年。同布拉克的友谊让毕加索的思想意识发生了巨大变化，而德国商人丹尼尔·亨利·康维勒的资助让艺术家无须顾虑经济条件，可以潜心作画，进而完善这种思想意识。从立体主义的发轫期到“分析”立体主义，毕加索逐渐打碎物体的自然形态、避免使用曲线，同时减少色板中的灰色调，把立体主义发展到了极致：表达简单明了，达到抽象的艺术效果。这种把自然形象解构，并按原立体主义结构重新进行理性组合的原则，在《伊莎贝拉皇后》中非常突出。尽管画中有些要素体现了两个阶段间的过渡，毕加索同年完成的作品《拿扇子的贵妇》却与此截然不同。《伊莎贝拉皇后》中色彩更加丰富，色调更加艳丽，弧形曲线描绘出左侧的果盘，头巾的褶皱表现出的柔软同衣服周围的粗糙感形成对比，但这种粗糙感又被衣服上丰富的彩色图案弱化了。艺术家违背了透视原则，夸大了作为背景的家具，把本来看不到的一侧展现在观画者眼前，从而保证了作品中所有元素的视觉完整性。

光从右侧打过来，把瓜子脸的肉色一分为二；另外，脸上的高光部分同衣服、褶皱和头饰的颜色相近。

巴勃罗·毕加索

《拿扇子的贵妇》1909

布面油画；101×81cm
S.I. 希里金购买，莫斯科
（坎威勒美术馆，巴黎），1913 年
1948 年起藏于普希金博物馆

在艾尔米塔什收藏的同名画作中，体现了以塞尚的理论为基础、平衡古代希腊雕塑和非洲艺术的特点，但在这幅画中这种特点随着“分析”立体主义的发展似乎完全被解体了，尽管在该画作中还保留了许多毕加索早期的绘画特点。比如：面具般忧愁严肃的面容，被切分的面目表情，眼睛成椭圆形，双唇紧闭；用解析的立体图形构成人物身体，和周围的环境融在一起；成齿状的扇子和颜色突出的衬衫前胸相辉映，体现艺术家尝试新的透视变形方法，使其与奇异的空间节奏划分保持和谐；光线衬出了每一个物体形状的立体感，但无法确定光线照射的方位；颜色的数量略微减少，只保留了绿、灰、赭石等不可或缺的主要色调。这一时期，毕加索改进了塞尚着意的“用立体几何形状表现自然”的观点，毕加索更加明确了把自然形态打碎、解体的表达方式，这种方式在接下来的“综合”立体主义阶段再次得到革新。

安德烈·德兰

《老桥》1910

布面油画；73×92cm
1918 年前 S.I. 希里金收藏，莫斯科
1948 年起藏于普希金博物馆

安德烈·德兰的艺术生涯很复杂：1904 年同莫里斯·德·弗拉芒克和马蒂斯引领了野兽派，并深受他们影响；之后又向毕加索和布拉克卡靠拢。蒙马特地区立体主义到来前期的特点，和塞尚的几何及色彩理论综合在一起，带给德兰新的创作动力，引导他简化人物和风景，放弃浓烈的色彩，把棕色、褐色、灰色、沙色、蓝色和暗绿色用水稀释后使用。德兰的作品为俄罗斯前卫艺术家所熟知，1908 年和 1909 年他曾两次参加了由《金羊毛》杂志在莫斯科举办的画展，1913 年他的作品又出现在“方块 J”展览上。立体主义到来前期的影响，在这幅画中非常明显。画中是人们熟悉的卡涅桥，在描绘法国蓝色海岸的风景画中德兰曾多次画过这座桥，雷诺阿也钟爱蓝色海岸的“光”，并在那里买了房产。在短短几年中，为解决前卫艺术危机，德兰发展、演变了“特定的几何结构、粗糙的轮廓、大面积用色”等绘画方式，就像他自己定义的那样，“是对以往艺术的自由探求”。

巴勃罗·毕加索

《安布鲁瓦兹·沃拉德画像》1909—1910

布面油画；93×66cm
I.A. 莫罗索夫购买，莫斯科
（沃拉德美术馆，巴黎），1913 年
1948 年起藏于普希金博物馆

在首批最成功的“分析”立体主义作品中，艺术家这幅著名的商人画像是一座里程碑，让人们从中理解那些年毕加索的绘画语言——明确地走向全方位分解的道路。画家从不同视点出发“调控”画作的主体，然后把主体按照“所理解的而不是所见到的”样子重新构建成“大脑中规划”的形象。塞尚的画中轮廓清晰，而毕加索模糊了轮廓，把轮廓打碎，裂成薄片，变成众多小线条，把整个几何图形分成不同的层次和拐角，像碎片一样随时准备爆炸。但是毕加索好像不喜欢分解他的第一印象，所以尽管人物形象被颠覆了，但仍然容易识别：高耸的鼻子、光秃宽阔的前额、半闭着的眼睛，这些特征都让画中主人公一个熟人的儿子高呼“这就是沃拉德”。在毕加索给这位商人画的所有画像中，这幅保存在普希金博物馆的作品是唯一一幅轮廓已经变得无法识别、只有画面中央保留了人物骨架的画，而在其他先前的作品中还可以看出该人物的自然轮廓。

亨利·卢梭，别称“关税员”

《丛林，一头美洲狮袭击一匹马》1910

布面油画；90×116cm
S.I. 希里金购买，莫斯科
（沃拉德美术馆，巴黎），1913 年
1948 年起藏于普希金博物馆

1891 年，“关税员”绘制了第一幅以异域风情为主题的作品。从那幅作品开始，这类主题就在嘲讽和批判中龃龉前行，因为当时人们还没有认识到这种构图的精妙之处，只是局限于批评作品中千篇一律的植物以及有限的技术能力上。该幅丛林画是艺术家在死前不久完成的，展现出异域风情和天真的特征，也体现了卢梭的奇思异想和神话般梦幻的视角。虽然缺少一种基础稳固的文化形象，但可以让人感受到激情和与这种激情一致的色彩感。在表现画面的不对称和绘制高大植物时，艺术家使用了不同的有细微差别的绿色。“关税员”开创了一个属于自己的绘画门类，特点是表面上易于解读、视觉冲击力强、灵感源于艺术自发性。人们总是把这类主题与 19 世纪末 20 世纪初法国人想要逃离现实的愿望相对照，同时认为和殖民地掠夺也有关，但这类主题已经在德拉克罗瓦、波德莱尔和高更的异国视角中有所体现。

人与自然的神秘关系创造了一个充满异域风情的世界，这个世界一方面体现了表达主义的古老形象，另一方面体现了艺术家描绘非物质现实的倾向，而这种倾向先于康定斯基和马列维奇形成。

布面油画；51×60.5cm
1913 年起 I.A. 莫罗索夫收藏，莫斯科
1948 年起藏于普希金博物馆

皮尔·波纳尔

《维若奈的塞纳河》1911

多树的山丘轮廓独特，沿着天空下流淌的河水排开，天空随着时间和季节的变化而多姿多彩，在人们视觉感知下的永恒变化中延展。

皮尔·波纳尔说一幅画就是一个小世界，须得能自给自足。他画了诺曼底地区塞纳河沿岸的维若奈许多静谧的风景画，这些作品证明了他的这句话。大约 1910 年他发现了这座山谷，喜欢上这里的绿草地、小山、彩虹色的天空，这些都是他永不枯竭的灵感源泉。从表面上看，这里日复一日，景色世俗而单一，但其实随时间和光线的变化均有所不同。波纳尔不知辛劳地用灰白的颜色描绘这些场景，捕捉映在水面上的闪闪发亮的树叶。这一时期，波纳尔开始专注于对光线的研究，把这作为绘画的首要要素。他是收藏家 I.A. 莫罗索夫最喜欢的艺术家之一，莫罗索夫购买了近 30 幅他的作品，还周期性地从他手中定做大装饰板布置自己在莫斯科的家。尽管受到 19 世纪牢牢的束缚，但是波纳尔探索了绘画装饰风格的发展方向，虽然没有脱离视觉表达语言，但深得现代主义之心。

皮尔·波纳尔

《诺曼底的夏天》约 1912

布面油画；114 × 128cm
I.A. 莫罗索夫购买，莫斯科
（德鲁特美术馆，巴黎），1913 年
1948 年起藏于普希金博物馆

艺术家画这幅画的同一年，在维若奈购买了一处房产，在此处从家里向外看是一个非常“恩斯特风格”的花园。画中展现了花园里两个女人在酷暑下聊天的典型家庭场景，显示出一个特点：几年中，艺术家的用色逐渐变得鲜亮，透出阳光的感觉。

日常的印象，记忆中的场所，不厌其烦地重复同一主题如“沐浴”“公园”“早餐”等，表达存在主义的内在思想，这些都体现了皮尔·波纳尔个人创作的特点。跨越印象派自然主义和反象征派自然主义，艺术家用双眼和情感进行构图，并通过新的色彩感发展了印象派的研究，把色彩作为表达和描绘线条的工具，从视觉和感官上体现阿拉伯风格，形成更加紧密的构图。1889 年，波纳尔和丹尼斯、鲁塞尔、维亚尔一起开创了纳比派，但是实质上他和该画派的宣言及作品特征相差甚远。丹尼斯重视艺术创作的装饰作用，变形真实的事物，深受高更布列塔尼绘画作品和日本版画的影响。1912 年波纳尔暂停了自己的艺术生涯，不久后爆发的世界战争为波纳尔和其他很多艺术家画上了休止符，这种不稳定的大气候直到战后才结束。在这时，立体主义进入欧洲绘画史，创造了新的文化氛围，这种氛围也受到了波纳尔的影响。波纳尔用新的思考和方法奠定了其作品的决定性作用，如他对构图的贡献般首屈一指。

布面油画；94.5×108cm
西方现代艺术博物馆
莫斯科，瓦西里·康定斯基赠送，1929 年
1948 年起藏于普希金博物馆

瓦西里·康定斯基

《即席创作 20 号》1911

艺术家在其日记中写道，这幅画也叫作“两匹马”，在画面右下方人们可以辨识出两匹奔跑中的马的轮廓。画家用黑色和红色线条描绘了马的轮廓，体现出作品和现实世界的最后联系。

自 1909 年起，康定斯基逐渐从具象的表现形式中解放出来，开始画第一批“印象和即兴创作”作品。这一过程在“构图”系列作品中达到成熟，艺术家围绕“摒弃象征性”进行了更认真的思考，从解体作品的传统要素、改变线条和色彩进行革新，从无意识的直觉出发进行创作。这一时期完成的作品，主要特征是大面积用色，轮廓用暗色勾勒。受野兽派的影响，这位画家的笔调变得更鲜艳夺目，用越来越有意识、越来越成熟的方式表现每一种外在事物，并使用叠色加以实现。

康定斯基特殊的贡献是，他描绘的线条节奏和音乐的节奏类似，影响了抽象派的巨作。颜色交替更迭，体现了空间层次感，“绘画面具”还存在，但是把这种“面具”作为绘画必要元素的做法已经消失，虽然这只是现实社会中一份微弱的力量。

亨利·马蒂斯

《玫瑰画室》1911

布面油画；180×221cm
S.I. 希里金购买，莫斯科，1912 年
1948 年起藏于普希金博物馆

《玫瑰画室》是 A. 巴尔定义的“交响乐”室内作品之一，体现出马蒂斯注重颜色与造型的关系。虽然这些画不能被看作马蒂斯真正的代表作，从风格上看“室内交响乐”作品有很多共同点，均使用了波斯微小画绘画原则，在作画时变大尺寸，但是艺术家改变了作品内容的表达方式和相关问题。1911 年春，马蒂斯开始描绘他在伊思莱穆利诺的画室——比如晚期作品中的玫瑰画室。除了藏于卢浮宫的描摹作品《博格塞美术馆的战神》，其余画作均属这类题材。画面的左侧有一尊装饰性人像（1908 年），这是艺术家最有名的雕塑之一；在人像的右侧稍高一些，垂挂着一幅裸体女人的草稿，名为“奢华 II”（1907—1908 年）；地板上的是《绿眼睛女孩》（1909 年）；右侧最高处是《舞蹈》的第一版本（1909 年）；下面是对巨大的青铜浮雕“背部裸体”的初步探究（1909 年）。作品的线性结构异常清晰，总是被人们拿来与一个色彩缤纷的设计或者一幅水彩画做对比；通过清晰的线条，人们可以清楚地解读画面内容，自传体似的内容使这幅画成为一份历史资料。

这幅画被看作是东方手工艺品。画家描绘了装饰华丽的面料——搭在板子上的深蓝色碎花毯子，这也是谢尔盖·希里金收藏此画的原因，他是纺织业的企业家。希里金对此类商品的兴趣也充满了艺术性，他公司的产品名录丰富，该名录至今仍保存在莫斯科。

朴素的墙面上纵向线条不断重复，保证了内部结构的稳定，同凌乱地分散在画室中的油画作品、雕塑、草稿以及布料形成对比。这种绘画方式源于日本，马奈、波纳尔、维亚尔都曾借鉴过，但都不及马蒂斯用得自然。

除了主色调玫瑰红外，这里也运用了大片色彩。地板上是赭石色的东方地毯，虽然没有表现完整，但还是体现出了房间的深度。地毯好像被切下去一部分，这种不完整的绘画方式把观画者的视线既引向画内，也延伸至画外。

安德烈·德兰

《树干》约 1912

布面油画；92×73cm
I.A. 莫罗索夫购买，莫斯科
（坎威勒美术馆，巴黎），1913 年
1948 年起藏于普希金博物馆

就像德兰自己所宣称的，他积极地探究“光线下产生的飘渺的形态和形态本身显现出来的样子”，笔触生动，线条自由、速成，并采用了新的色彩透视。

远离了野兽派风格，德兰在这幅画中表现出他已放弃热烈的色彩和“鸟瞰”的透视法。尽管和马蒂斯友情深厚，但他反对其观点，坚持自己的艺术革新，认为要体现真实的稳定结构，而不是反映抽象特征。此画作是“松树林风景”系列作品中的一幅，德兰借鉴原始的抽象方式对风景进行了处理，装饰意图明显。但是，这幅画在寻求纯粹的形态上、表现树干朴素的景致上受到了塞尚的影响。同时，作品在降低绿色、蓝灰色和沙色的色差效果上明显受到了布拉克的影响。就在马蒂格，德兰发现了被定义为“光的新概念：拒绝阴影”的绘画方式。1912 年夏天，艺术家在普罗旺斯的马蒂格完成了这幅风景画，第二年秋天在坎威勒美术馆出售之前对其进行了再加工。作品最后被 I.A. 莫罗索夫买走，同时被买走的还有毕加索的著名作品《杂技演员和年轻的平衡技术表演者》。

布面油画；147 × 98 cm
S.I. 希里金购买，莫斯科，1912 年
1948 年起藏于普希金博物馆

亨利·马蒂斯

《红色的鱼》1912

鱼缸放在夏季花园中一处狭窄的空间里，玻璃如一个透镜，放大了花和树叶……静物构成了整个风景。

在马蒂斯以红色的鱼为主题的作品中，只有这幅名画里有一个透明的鱼缸，并被放置在画面的正中央，鱼儿在缸中游弋，而其他画中均呈现出复杂的元素。从这些时至今日都很难确定年份的作品中可以看出，摩洛哥之行影响了马蒂斯的创作，他用新的方式以自然为题材进行创作。马蒂斯的透视以帕维尔·弗罗伦斯基建立的所谓“反透视”理论为基础，这种理论与西方传统的线性透视相对立，在各种艺术形式中异常独特——人们曾在东正教圣像中使用过这种透视，因为这种透视关系和“肉体”的视觉投影看到的透视效果相反，能够保留作品的精神内涵。艺术家通过把消失点放置在画面外，使得人们的目光在画作的表面游走：走得越近，物体变得越大，向人们展示出其他不可见的细节。鱼缸放在一个圆形桌子上，人们几乎能看到整个桌子的平面，以及鱼缸底的折射和水中的映射。小鱼在缸中游弋，画家既从缸中也从折射在表面的视错觉角度观察它们。从表面上看，反透视显得随意，在表达效果上存在谬误，但这里展现了艺术家严格一致的表达理论。

亨利·马蒂斯

《旱金莲与舞蹈》1912

布面油画；190.5×114.5cm
S.I. 希里金购买，莫斯科，1912 年
1948 年起藏于普希金博物馆

马蒂斯总是在画作中套用自己的作品。在整个艺术生涯中，他一直致力于半肖像的风格，这一特点在艺术家伊斯莱穆利诺“工作室”系列作品中也表现得很明显。这幅画，展现了马蒂斯最主要的作品之一《舞蹈》（艾尔米塔什博物馆）中的内容，也是 S.I. 希里金订购的藏品之一。画中只有花瓶是完整的，艺术家通过夸张的透视，只表现了画面其他的构成部分——如桌子、扶手椅、画面背景——的片段，而桌子的后腿被夸张地缩小了，被画布上凸显的角落切割开来。和《红色的鱼》中表现的一样，空间环境狭窄，好像这里所有物品都失去了他们的三维立体空间。黑色线条对角斜交地穿过画面，增添了画面的表达节奏，这种节奏又在舞蹈者的映衬下得到了加强——因为马蒂斯用自己特殊的透视关系描绘了舞蹈者们的舞姿，增强了画面的深度。

莫里斯·郁特里罗

《蒙特赛尔大街，蒙马特区》1914—1919

布面油画；48 × 63cm

当代西方艺术博物馆购买，莫斯科，1928 年

1948 年起藏于普希金博物馆

自学者、酗酒者、叛逆者郁特里罗，完美地再现了波西米亚画家的立体画风，他的悲剧人生也是他艺术生涯的一面镜子。郁特里罗的母亲苏珊娜·瓦拉东是模特、画家，也是雷诺阿、德加和罗特列克的朋友。受母亲的影响，郁特里罗在不知不觉中开始了自己的艺术生涯。郁特里罗从不知道自己的父亲是谁，1891 年西班牙艺术评论家米格尔·郁特里罗·莫林斯在法律上承认了父亲身份，给还是孩子的郁特里罗起了这个名字。很难把郁特里罗划归到某个画派中，他个人化的写实艺术经历了几个发展阶段，每个阶段的用色各有不同。“白色”时期，被认为是艺术家最有影响的发展阶段，以建筑、墙壁、房屋为描绘对象。这幅风景画就属于这个时期，画中以深浅程度不同的白色为主，边缘过渡处喜用灰色。郁特里罗笔下的蒙马特，和其他作品都不一样。蒙马特是一个封闭的波斯人街区，街道荒凉，接近白色的墙面斑驳陆离。郁特里罗从小就生活在这里，熟悉这里所有的房屋、小店、街道。画中，荒凉古老的蒙特赛尔街区上坐落着巴黎最早的教堂，从高处俯瞰，纤细的树木在白色的高墙边上发芽成长，画面深处的栅栏为景色画上了休止符。右侧延伸的围墙，作为透视的消失点，曾反复出现在这位画家众多的草图和画作中，总能体现出画面精确合理的景深效果。

卡洛·卡拉

《有头像的作品》1915

拼贴画、水彩画、炭笔画
41.6×31.1cm
博物馆基金
普希金博物馆，莫斯科

女性头像像一尊雕塑，它的背景由报道战争的意大利剪报构成，右侧的简报上写着1914年马里内蒂宣言中使用的标语。卡拉对未来主义最后的贡献是同一年出版了《战争绘画：政治未来主义，12个关于战争的设计，自由的辞藻》一书，其中收录了政治和美学方面的文章，以及卡拉的画作和拼贴画。他在自己的名字卡拉中挑衅般地加上了一个“r”。

聪明的卡洛·卡拉，除了是一名画家，还是促成俄罗斯和意大利对话的重要人物之一。那时俄罗斯的立体未来主义运动，在前卫艺术的孕育下，正在形成其艺术和文化形态。1914年恰逢马里内蒂有争议的俄罗斯之行，瓦迪姆·赛尔塞纳维奇在莫斯科发表了《意大利未来主义宣言》，其中翻译了未来主义的创始人之一——卡拉关于“音乐、噪音和嗅觉的绘画”的内容。1910年，卡拉与波丘尼、

卢索诺、巴拉共同在《未来主义宣言》上签了字。但是同一年，这位意大利艺术家陷入了自我危机的第一阶段，开始脱离这项运动。拼贴画逐渐成为卡拉的主要表现形式，这也反映了他与马里内蒂的流派越走越远。这种独特的表现手法和对形象的描绘，源于毕加索和布拉克的立体主义，但是又融入了个人风格——和以往的作品相比，这种风格在这幅画中体现出卡拉技术研究上的进步。

布面油画；45×55cm
当代西方艺术博物馆购买，莫斯科，1925 年
1948 年起藏于普希金博物馆

莫里斯·德·弗拉芒克

《奥威尔的风景》1925

暗淡的颜色、黑暗的色调、传统的透视、趋向使用线条，这些都是弗拉芒克成熟时期的创作特点，证明了艺术家通过感觉对表达能力无尽的探求。

“面对自然风景画和刚刚诞生又消失的不同创作，面对这种场面，那些遗忘的、无法表达的、逃避的感情、记忆和情绪喷射出来，又消失殆尽，只留下可靠的内容，余下的人们再也无法寻到……我一生都致力于描绘这些用声音和画笔难以表达的情感，用色彩让时间静止，并把它凝固在画布上。”弗拉芒克如此总结自己不安宁的智慧人生。弗拉芒克是德兰的朋友，两人是所谓的沙图学校的创建者。1901 年和梵高的艺术接触后，弗拉芒克开始寻求新的色彩表达，并为之穷尽一生。1905 年这位艺术家和野兽派一起参加了著名的秋季沙龙。在使用纯色的那些年中，颜色“就像从管子中挤出来”（知识分子口号，以此定义野兽派成熟时期的特点），他的作品整体上效果鲜明，笔画饱满、自然。多年来弗拉芒克追随塞尚和立体主义，用朴素的色彩和立体、粗壮的几何图形标志着脱离了野兽派，在一场革新中转而追求最初的现实主义，如在这幅奥威尔瓦兹河畔（艺术家曾多次住在这里）的风景中所表现出来的特点。

劳尔·杜飞

《7 月 14 日在多维尔》1933

布面油画；38 × 92cm
M.E. 卡岗诺维夫捐赠
巴黎，1969 年

在半个世纪的活动中，劳尔·杜飞献出了自己与时代相关联的艺术热情。杜飞开始属于印象派，1905 年结识了马蒂斯和德兰，被强烈的色彩和色差折服后开始趋向野兽派。"当我说颜色时，我说的不是自然色，而是我调色板上的颜色。"这段时间，杜飞在自己的艺术生涯中不断寻求着真实，表现出对艳丽色彩的喜爱。但野兽派只是杜飞形成自己独特风格过程中的一个阶段。1908—1915 年，杜飞结识布拉克，并暂时接受了立体派的创作经验，这和塞尚的宣言密不可分。几年的木板雕刻经验和印刷工经验在杜飞的绘画艺术上留下了烙印：精巧有力的笔触描绘出生动活泼的画面，颜色明亮但不刺眼。位于诺曼底的多维尔码头是杜飞最喜欢描绘的场景，他还留下了若干风景画。在这幅作品中，优雅的游艇码头在美丽喜庆的日子里呈现出它的宁静优雅——油画搭配轻柔的水彩，线条的色彩纯正、鲜艳，横向拉开，体现出艺术家的独特风格，轮廓和颜色永远不会绝对保持一致。"要记住笔触首先表达的是运动而不是一个形态。轮廓是一种运动，不是一种形态。"这是杜飞的风格，独一无二的特有风格。

费尔南·莱热

《建筑工人和芦荟》1951

布面油画；160 × 200cm

艺术家遗孀纳迪娅·莱热捐赠，比奥，1969 年

作为 20 世纪前卫艺术开端时期法国和俄罗斯文化艺术家之间对话的结晶，莱热的创作风格产生于印象派和立体主义交替之际。但是他的艺术语言风格属于新生的未来主义和抽象派艺术，和马列维奇、拉里奥诺夫一起成为现代化和工业化最主要的支持者之一，并在整整一生中坚持革新。他的伟大作品中的最后一个系列表现的是建筑工人，此画就是其中的一幅，这一系列在他逝世后的几年里为人称道。在十几幅伟大画作、无数草图以及设计中，莱热描绘了充满力量，有生产能力，劳累但是开心、动态、有绝技、对自然充满爱的工人世界。富于想象力的绿色芦荟饱满多汁，从脚手架中生长出来，成为最让人回味的形象之一。“我想表达的是：人与其发明之间的对比，工人与金属——铁、废金属、螺栓、梁——之间的对比，我利用绘画技术展现出细微差别，让这些差别之间自己形成对比……”艺术家莱热还是一名理论家和推广者。莱热独特成熟的风格介于立体派和结构主义之间，赋予了色彩、几何图形以生命，通过简化几何图形把空间留给人物和环境，同大卫·阿尔法罗·西盖罗斯欢快的壁画风格类似。

莫斯科普希金博物馆

参观指南

ГОСУДАРСТВЕННЫЙ МУЗЕЙ ИЗОБРАЗИТЕЛЬНЫХ ИСК

莫斯科普希金博物馆

地址：沃尔宏卡大街 12 号

邮编：121019

垂询方式

电话：+7 095 203 79 98/203 95 78

网址：Finearts@gmii.museum.ru

www.museum.ru/gmii/

开放时间

周二至周日 10：00—18：00

闭馆日

每周一

交通信息

地铁：12 号线、14 号线，沃尔宏卡大街站

导览服务

导游：相关信息请致电 + 7 095 203 74 12

服务：语音服务

讲解员服务

平面图

公元前 5 世纪—公元前 1 世纪古埃及艺术
古老文明：美索不达米亚、乌拉尔图、伊朗、塞浦路斯、帕提亚、印度、美洲
古希腊、科普特、拜占庭艺术
13—15 世纪意大利艺术
15—16 世纪意大利、德国、荷兰艺术
15—16 世纪意大利艺术
古希腊、古罗马、黑海东部地区艺术
17 世纪丹麦艺术
17 世纪佛兰芒、西班牙艺术
17—18 世纪意大利艺术
17—18 世纪法国艺术
约公元前 5 世纪后半叶—公元前 4 世纪古希腊艺术
中世纪及文艺复兴时期意大利艺术

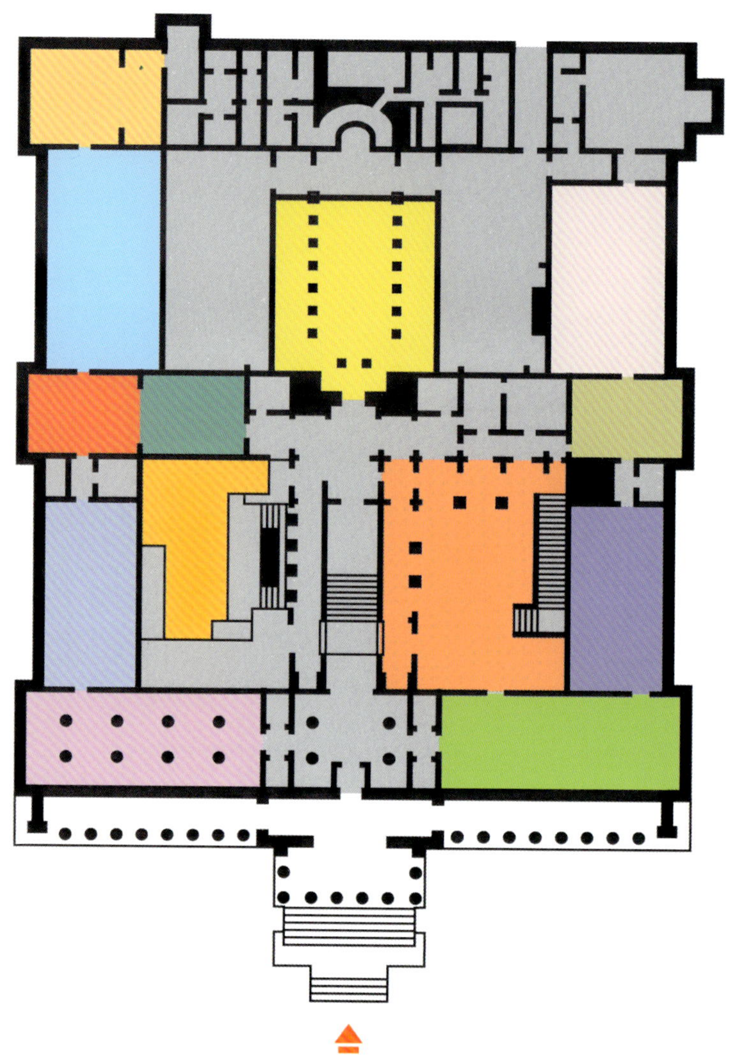

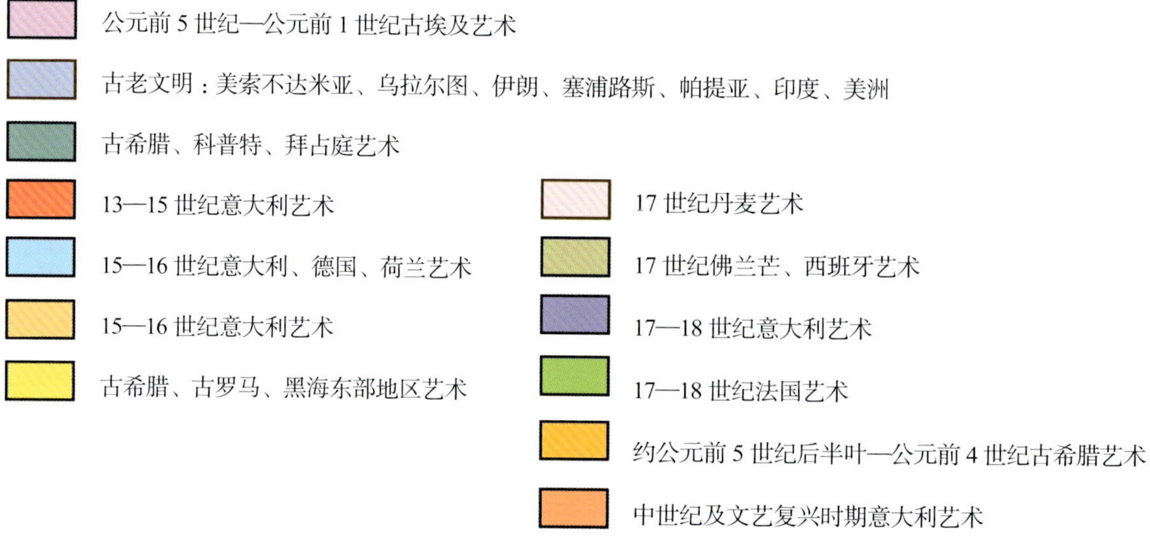

平面图

奥林匹亚室，爱琴海地区艺术（约公元前3世纪—公元前2世纪）及古希腊艺术（约公元前8世纪—公元前5世纪上半叶）
毕加索、马蒂斯，20世纪艺术
塞尚、高更
德加、梵高，象征主义
莫奈、雷诺阿，法国印象派
19世纪上半叶欧洲艺术
希腊古典艺术晚期、古希腊全盛时期
古罗马艺术
中世纪欧洲艺术、德国雕塑艺术、荷兰艺术及复制品
意大利文艺复兴雕塑
米开朗琪罗雕塑

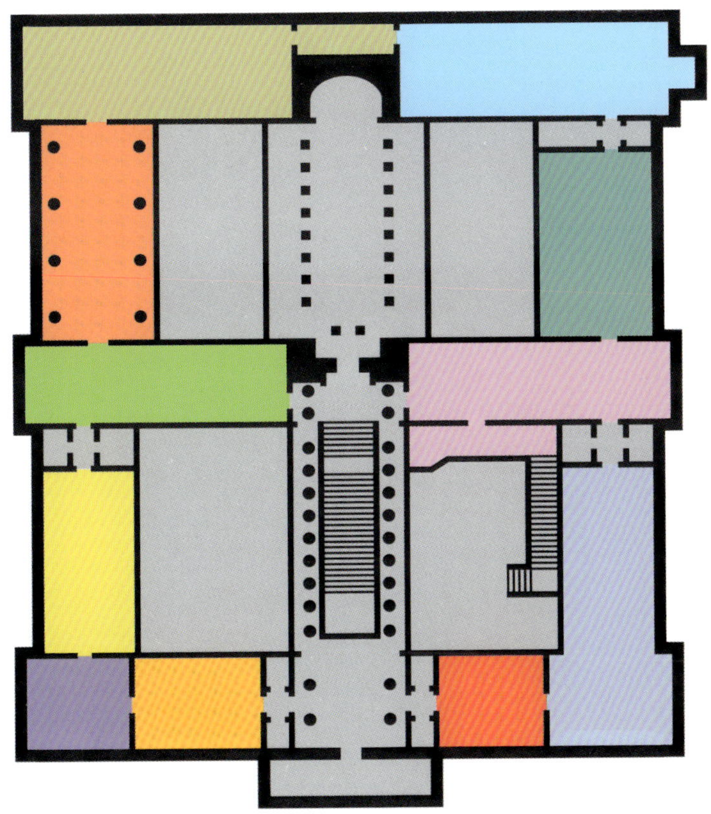

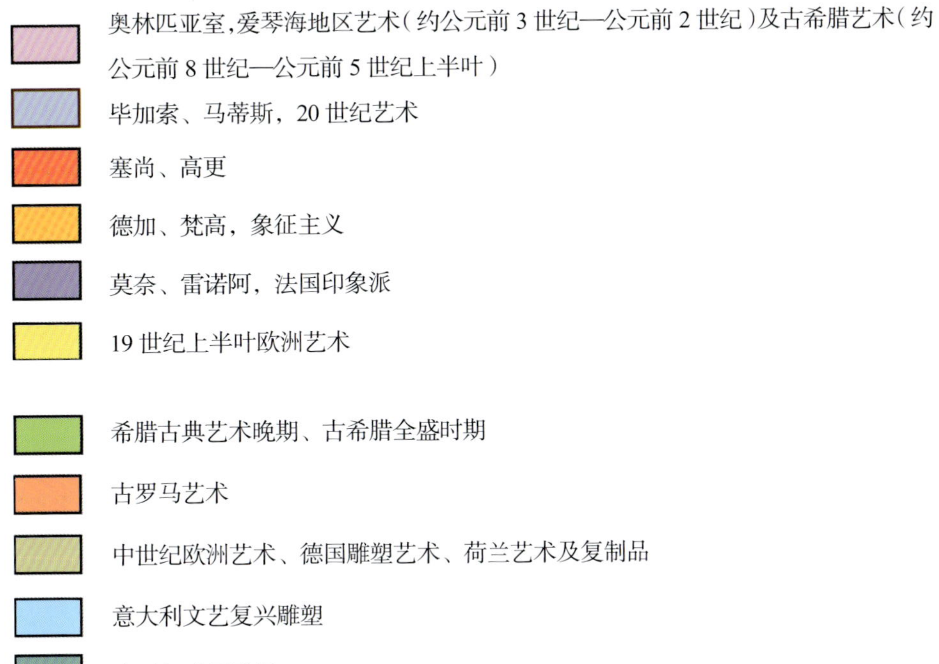

艺术家和作品索引

图书在版编目（CIP）数据

莫斯科普希金博物馆 /（意）佩卢西编著；白旸译．—南京：译林出版社，2015.5
（伟大的博物馆）
ISBN 978-7-5447-5411-8

Ⅰ．①莫… Ⅱ．①佩… ②白… Ⅲ．①博物馆－介绍－莫斯科 Ⅳ．①G269.512

中国版本图书馆 CIP 数据核字（2015）第 066085 号

著作权合同登记号　图字：10-2013-594 号

书　　名　莫斯科普希金博物馆
编　　著　〔意大利〕西莫内塔·佩卢西
译　　者　白　旸
责任编辑　陆元昶
特约编辑　孔彩虹　于雪凤
出版发行　凤凰出版传媒股份有限公司
　　　　　　译林出版社
出版社地址　南京市湖南路 1 号 A 楼，邮编：210009
电子信箱　yilin@yilin.com
出版社网址　http：//www.yilin.com
印　　刷　天津丰富彩艺印刷有限公司
开　　本　787×1092 毫米　1/16
印　　张　10.25
字　　数　152 千字
版　　次　2015 年 5 月第 1 版　2022 年 12月第 9 次印刷
书　　号　ISBN 978-7-5447-5411-8
定　　价　69.00 元

译林版图书若有印装错误可向承印厂调换

Photo Reference